Cómo acertar todas las preguntas sobre Gestión del Valor Ganado en el Examen PMP®–
(+50 Preguntas Tipo Examen PMP® con Soluciones sobre la Gestión del Valor Ganado)
Preparación Simplificada del Examen PMP
(Serie de mini Books)

Otros libros de
Aileen Ellis, PgMP, PMP

PMP Exam Simplified -5th Edition
Gain knowledge and confidence to pass the PMP Exam by utilizing over 1,000 sample questions and detailed solutions (AME Group 2013)

CAPM Exam Simplified -5th Edition
Gain knowledge and confidence to pass the CAPM Exam by utilizing over 800 sample questions and detailed solutions (AME Group 2013)

How to get every Contract Calculation Question right on the PMP® Exam –
PMP Exam Prep Simplified Series of mini-e-books
(50+ PMP® Exam Prep Sample Questions and Solutions on Contract Calculations
(AME Group 2014)

How to get every Network Diagram Question right on the PMP® Exam – PMP Exam Prep Simplified Series of mini-e-books
(50+ PMP® Exam Prep Sample Questions and Solutions on Network Diagrams, Crashing, Etc.)
(AME Group Coming late 2014)

How to get every Financial Question right on the PMP® Exam - PMP Exam Prep Simplified Series of mini-e-books
(50+ PMP® Exam Prep Sample Questions and Solutions on NPV, IRR, ROI, Etc.)
(AME Group Coming late 2014)

How to get every Statistical based Question right on the PMP® Exam – PMP Exam Prep Simplified Series of mini-e-books
(50+ PMP® Exam Prep Sample Questions and Solutions on standard deviation, variance, probability, Etc.)
(AME Group Coming late 2014)

A Alex y Nick
Por toda vuestra paciencia y apoyo
con nuestros libros y con nuestra carrera

Prefacio

En los últimos 16 años, con mis workshops he ayudado a que más de 10.000 directores de proyectos obtengan la certificación PMP®. Al inicio del workshop, el tema de la Gestión del Valor Ganado (EVM, en inglés "Earn Value Management") suele asustar un poco.

Tras realizar el examen PMP®, muchos de mis alumnos me comentan que ha sido el examen más duro al que se han enfrentado. Pero al preguntarles cómo les ha ido la parte correspondiente a la Gestión del Valor Ganado, obtengo comentarios como:

"La parte de Gestión del Valor Ganado del examen ha sido pan comido"
"La parte de Gestión del Valor Ganado del examen ha sido muy fácil"

Muchos incluso me hacen un guiño, me sonríen y me dicen en confidencia:

"Creo que he acertado todas las preguntas sobre Gestión del Valor Ganado".

Sencillamente pienso que mis alumnos rinden tanto en las preguntas sobre gestión del valor ganado, porque me encanta enseñar esta parte tanto como el resto de las partes incluidas en el examen PMP.

Para mí, la mejor manera de prepararse el examen es mediante cientos, si no miles, de preguntas tipo.

Espero que las preguntas de este libro te ayuden tanto, que salgas de tu examen de PMP® con la certificación en la mano, una sonrisa y diciendo...

"Creo que he acertado todas las preguntas sobre Gestión del Valor Ganado."

Sobre la autora

 Aileen Ellis, PgMP®, PMP®, es The PMP® Expert (La Experta PMP®). Es la propietaria y única instructora de AME Group Inc., un Proveedor Registrado de Servicios de Formación (REP®) del Project Management Institute (PMI®). Aileen Ellis imparte formación a directores de proyecto para que ganen la confianza y los conocimientos necesarios para aprobar los exámenes de PMP®, CAPM® o PgMP®. Ha ayudado a más de 10.000 profesionales a obtener su certificación PMP® y a más de 1.000 profesionales a obtener las tan codiciadas siglas del CAPM®. Al haber trabajado con miles de estudiantes en decenas de países, Aileen Ellis ha conseguido tener un conocimiento profundo de los entresijos de la Guía del PMBOK®, del contenido que abarca el examen y de las mejores estrategias para superar el examen.

Aileen Ellis comenzó a impartir Cursos de Preparación de Exámenes en 1998. A lo largo de estos años, ha analizado el modo en que los estudiantes aprenden con más facilidad, y ha incorporado sus conclusiones y métodos en sus libros. Su objetivo es proporcionar a los alumnos el conocimiento necesario sobre los Procesos de Dirección de Proyectos y sus interrelaciones, con el menor esfuerzo de memorización posible. Aileen Ellis además de realizar workshops para ayudar a sus alumnos a aprobar los exámenes de CAPM®, PMP®, y PgMP® (donde explica los conceptos necesarios y cientos de preguntas tipo examen), colabora desarrollando material didáctico (libros, preguntas tipo) para otros REP®s y Capítulos del PMI®, y de esta forma ayudarles en sus actividades formativas.

Sobre la traductora

Amapola Munuera, PMP®, es Ingeniera Aeronáutica, Licenciada en Farmacia e International MBA. Miembro del PMI® y del PMI® Madrid Chapter, Amapola posee una amplia experiencia en docencia bilingüe (español e inglés), gestión de proyectos y dirección de empresas. Actualmente desarrolla su carrera en el ámbito de la dirección internacional de proyectos como directora adjunta de una empresa familiar, y como profesora de dirección de proyectos para varias escuelas de negocios españolas, donde imparte clases de dirección de proyectos en cursos presenciales, online y en empresas, enfocados a la preparación del examen PMP® de acuerdo con la metodología del PMI®.

Estructura del libro:

Primera Parte- Algunas ideas básicas sobre la Gestión del Valor Ganado y una breve Video Clase

Segunda Parte- Más de 50 Preguntas sobre la Gestión del Valor Ganado.
Te sugiero que tomes apuntes según vayas contestando las preguntas. Anota la respuesta que hayas escogido en cada pregunta y el motivo de tu elección.

Tercera Parte- Más de 50 Soluciones Explicadas sobre la Gestión del Valor Ganado.
Asegúrate de repasar cada pregunta y de que, si te encuentras preguntas similares a éstas en tu examen PMP®, podrás escoger la respuesta correcta.
Buena suerte.

Primera Parte

Algunas notas sobre la Gestión del Valor Ganado.

Aquí tienes un vídeo que he realizado sobre la gestión del valor ganado (EVM). Este vídeo proporciona los conceptos básicos sobre el método de la gestión del valor ganado.
(http://youtu.be/xh74C4zX1Nk)
BAC = Presupuesto hasta la conclusión (Budget at Completion). Representa el presupuesto del proyecto. Normalmente el BAC hace referencia a todo el proyecto. Sin embargo, a veces el BAC puede emplearse para representar el presupuesto total de una única tarea.

PV = Valor planificado (Planned Value). Este es el trabajo que debería haberse completado a día de hoy de acuerdo con la planificación. Al PV se le ha llamado históricamente BCWS. Las siglas BCWS corresponden en inglés a "Budgeted Cost of Work Scheduled" (costo presupuestado del trabajo planificado). El término BCWS no debería aparecer en el examen.

EV = Valor ganado (Earned Value). Representa el costo presupuestado del trabajo que se ha completado. Al EV se le ha llamado históricamente BCWP. Las siglas BCWP corresponden en inglés a "Budgeted Cost of Work Performed" (costo presupuestado del trabajo realizado). El término BCWP no debería aparecer en el examen.

AC = Costo real (Actual Cost). Representa la cantidad de dinero gastado en el trabajo que ha sido completado. Al AC se le ha llamado históricamente ACWP. Las siglas ACWP corresponden en inglés a "Actual Cost of Work Performed" (costo real del trabajo realizado). El término ACWP no debería aparecer en el examen.

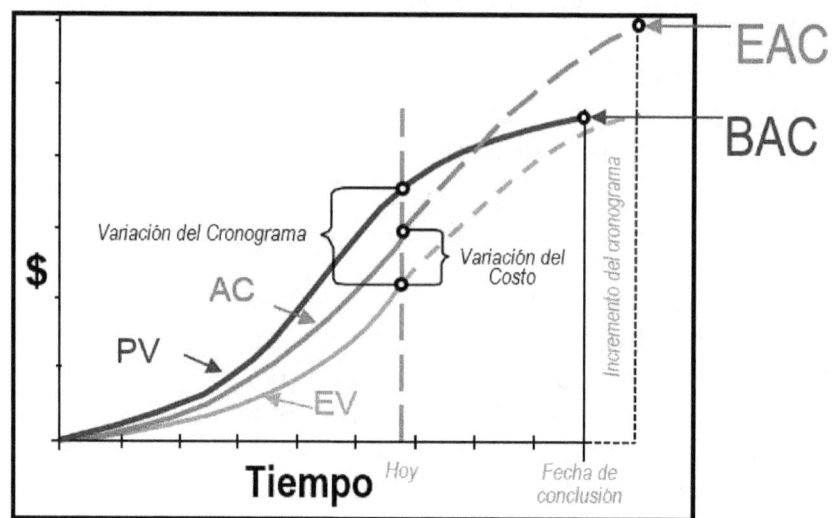

SV = Variación del cronograma (Schedule Variance).
SV = EV – PV.
Si el proyecto está retrasado respecto al cronograma,
SV será un número negativo.
Si el proyecto está de acuerdo al cronograma, SV será
= 0.
Si el proyecto está adelantado respecto al cronograma,
SV será un número positivo.
SV no tiene en cuenta que las actividades sean, o no,
de camino crítico.

CV = Variación del costo (Cost Variance)
CV = EV – AC.
Si el proyecto está por encima del presupuesto, CV
será un número negativo.
Si el proyecto está de acuerdo al presupuesto, CV será
= 0.
Si el proyecto está por debajo del presupuesto, CV será
un número positivo.

SPI = Índice de desempeño del cronograma (Schedule
Performance Index)
SPI = EV/PV.

Si el proyecto está retrasado respecto al cronograma, SPI será menor que uno.
Si el proyecto está de acuerdo al cronograma, SPI será = 1.
Si el proyecto está adelantado respecto al cronograma, SPI será mayor que uno.

CPI = Índice de desempeño del costo (Cost Performance Index)
CPI = EV/AC.
Si el proyecto está por encima del presupuesto, CPI será menor que uno.
Si el proyecto está de acuerdo al presupuesto, CPI será = 1.
Si el proyecto está por debajo del presupuesto, CPI será mayor que uno.

EAC = Estimación a la conclusión (Estimate at Completion)
En función de las hipótesis que se tomen, hay distintas ecuaciones para calcular EAC.

EAC= BAC/CPI.
Usaremos esta ecuación cuando pensemos que el proyecto seguirá gastando presupuesto al mismo ritmo.

EAC = AC + (BAC-EV).
Usaremos esta ecuación cuando pensemos que los gastos futuros van a producirse de acuerdo con las cantidades previstas inicialmente.

EAC = AC + ((BAC-EV)/(SPI*CPI))
Usaremos esta ecuación cuando pensemos que tanto los costos actuales como el desempeño actual del cronograma influirán en el futuro desempeño del costo.

No será necesario que realices la demostración de esta ecuación pero déjame que te la explique sólo por diversión.

El costo real (AC) es el costo del trabajo que ya ha sido completado.

(BAC-EV) representa la estimación inicial del trabajo restante. Recuerda que el BAC es el presupuesto inicial de todo el proyecto.

El valor ganado (EV) es el costo presupuestado del trabajo completado. La diferencia entre estos dos números es la estimación inicial del trabajo restante.

(BAC-EV) está dividido por (CPI * SPI). CPI es el índice de desempeño del costo. SPI es el índice de desempeño del cronograma. Si tanto el CPI como el SPI fueran igual a 1, el cálculo del EAC no se vería afectado por la división.

Cuanto menor sea el resultado de (CPI*SPI), mayor será el EAC. Es lógico. Cuanto más retrasados y por encima del presupuesto estemos, mayor será nuestra estimación del costo total (EAC).

Cuanto mayor sea el resultado de (CPI*SPI), menor será el EAC. Es lógico. Cuanto más adelantados y por debajo del presupuesto estemos, menor será nuestra estimación del costo total (EAC).

VAC = Variación a la conclusión (Variance at completition)

VAC= BAC - EAC.
Si estimamos que nuestro proyecto concluirá por encima del presupuesto, el VAC será un número negativo.
Si estimamos que el proyecto concluirá por debajo del presupuesto, el VAC será un número positivo.

TCPI = Índice de desempeño del trabajo por completar (To complete performance index)
TCPI = Costo presupuestado del trabajo/dinero restante

Hay varias ecuaciones para calcular el TCPI.

TCPI = (BAC-EV/(BAC-AC).
Usaremos esta ecuación cuando debamos terminar el proyecto de acuerdo al BAC.

TCPI = (BAC-EV/(EAC-AC).
Usaremos esta ecuación cuando debamos terminar el proyecto de acuerdo al EAC.

Un TCPI menor que la unidad es más fácil de alcanzar.
Un TCPI mayor que la unidad es más difícil de alcanzar.

Métodos de Medición del Valor Ganado- hay muchos métodos para medir el valor ganado. Aquí veremos cuatro de ellos.

Fórmula fija- se asigna un porcentaje determinado del PV (valor planificado) al comienzo del paquete de trabajo (o de la actividad), y el porcentaje restante se asigna a su finalización.

Se emplea normalmente en paquetes de trabajo pequeños.

Regla 0/100. A la actividad se le asigna el 0% del valor al inicio y el 100% cuando se ha completado. La regla 0/100 normalmente se usa en entregas de material.
Regla 20/80. A la actividad se le asigna el 20% del valor al inicio y el 80% cuando se ha completado.
Regla 50/50. A la actividad se le asigna el 50% del valor al inicio y el 50% cuando se ha completado.

Hitos ponderados- este método divide los paquetes de trabajo en hitos. Se asigna un valor ponderado a la finalización de cada hito (no a la finalización parcial). Normalmente se usa en paquetes de trabajo grandes con salidas tangibles.

Porcentaje completado- para calcular el valor ganado (EV) al final de cada periodo establecido, se multiplica el porcentaje completado del paquete de trabajo por el BAC del mismo. Para que este método tenga sentido, la medida del porcentaje completado debe ser lo más objetiva posible.

Ej. El valor (BAC) del paquete de trabajo es $1.000. Se ha completado el 75% del trabajo y por lo tanto, el EV (valor ganado) del paquete de trabajo es 75% de $1,000= $750.

Medición física- está estrechamente relacionado con la cantidad de trabajo completado.

Ej. Se deben tirar 1.000 ft de cable en un proyecto de construcción. Se han tirado 600 ft de cable y por lo tanto, el EV (valor ganado) es $600.

Segunda Parte

1. Basándonos en el gráfico, el proyecto actualmente está...

a. adelantado respecto al cronograma y por debajo del presupuesto
b. adelantado respecto al cronograma y por encima del presupuesto
c. retrasado respecto al cronograma y por debajo del presupuesto
d. retrasado respecto al cronograma y por encima del presupuesto

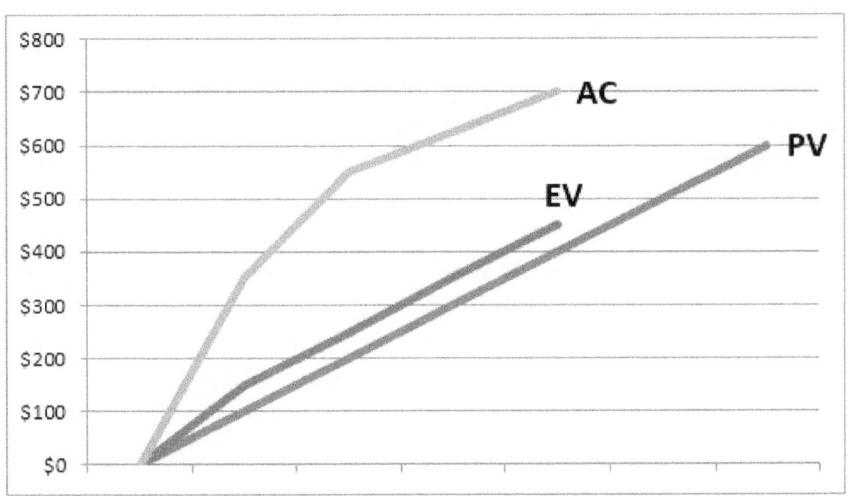

2. Acabas de asumir el rol de director de proyectos en un proyecto de construcción de una instalación de doma de caballos. En el proyecto se está usando la Gestión del Valor Ganado (EVM) y te han pasado cierta información incompleta. En el proyecto, el índice de desempeño del costo (CPI) = 1,2. El costo real (AC) = $75.000. El valor planificado (PV) = $60.000. ¿Cuál es el valor ganado (EV) de este proyecto?

a. $50.000
b. $62.500
c. $72.000
d. $90.000

3. En tu proyecto el valor ganado (EV) = $500. El costo real (AC) = $100. El valor planificado (PV) = $300. ¿Cuál es la variación del cronograma (SV)?

a. $200
b. $100
c. -$100
d. -$200

4. En el método de la gestión del valor ganado (EVM), ¿qué término representa el costo presupuestado del trabajo que debería haberse completado a día de hoy de acuerdo con la planificación?

a. valor planificado (PV)
b. valor ganado (EV)
c. costo real (AC)
d. presupuesto hasta la conclusión (BAC)

5. En el proyecto el valor ganado es (EV) = $500. El costo real es (AC) = $300. El valor planificado es (PV) = $400. El proyecto está:

a. adelantado respecto al cronograma y por debajo del presupuesto
b. retrasado respecto al cronograma y por debajo del presupuesto
c. adelantado respecto al cronograma y por encima del presupuesto
d. retrasado respecto al cronograma y por encima del presupuesto

6. En el proyecto el valor ganado es (EV) = $350. El costo real es (AC) = $280. El valor planificado es (PV) = $500. El presupuesto total del proyecto es $1.000. Haz la hipótesis de que se seguirá gastando al mismo ritmo que se gasta actualmente. ¿Cuál es la estimación a la conclusión (EAC) del proyecto?

a. $800
b. $930
c. $1.000
d. $1.023

7. El paquete de trabajo 1.5.2.3 de tu proyecto tiene un presupuesto hasta la conclusión (BAC) de $4.000. Como este paquete de trabajo es pequeño y está planificado que se complete en 2 periodos de reporte, se ha decidido emplear el método de fórmula fija 50/50 para reportar su valor ganado. El paquete de trabajo 1.5.2.3 acaba de iniciarse y se ha completado muy poco trabajo del mismo. Hoy tienes que hacer el reporte de su valor ganado. En este momento deberías reportar un valor ganado de:

a. $0
b. $1
c. $2.000
d. $4.000

8. Un índice de desempeño del cronograma (SPI) de 0,82 significa que:

a. el 82% del trabajo que debería haberse completado a día de hoy de acuerdo con la planificación, se ha completado
b. el 82% del trabajo total del proyecto se ha completado
c. se ha gastado el 82% del presupuesto del proyecto
d. el 82% del presupuesto planificado para haberse gastado a día de hoy, se ha gastado

9. La estimación a la conclusión (EAC) del proyecto es $140.000
El índice de desempeño del costo (CPI) es 0,80. ¿Cuál es el presupuesto hasta la conclusión (BAC) del proyecto?

a. $112.000
b. $140.000
c. $175.000
d. $220.000

10. En tu proyecto el valor ganado (EV) = $250. El costo real (AC) = $200. El valor planificado (PV) = $400. ¿Cuál es el índice de desempeño del cronograma (SPI)?

a. 1,25
b. 0,80
c. 0,625
d. 1,60

11. El índice de desempeño del cronograma (SPI) es 0,75 y el índice de desempeño del costo (CPI) es 0,80. El proyecto está:

a. adelantado respecto al cronograma y por debajo del presupuesto
b. retrasado respecto al cronograma y por debajo del presupuesto
c. adelantado respecto al cronograma y por encima del presupuesto
d. retrasado respecto al cronograma y por encima del presupuesto

12. En tu proyecto el valor ganado (EV) = $350. El costo real (AC) = $280. El valor planificado (PV) = $500. El presupuesto total del proyecto es $1.000. Haz la hipótesis de que el trabajo restante se verá afectado por los desempeños actuales de cronograma y costo. ¿Cuál es la estimación hasta la conclusión (EAC) del proyecto?

a. $800
b. $930
c. $1.023
d. $1.480

13. En el proyecto el valor ganado (EV) = $350. El costo real (AC) = $400. El valor planificado (PV) = $500. El presupuesto total del proyecto es $1.000. Haz la hipótesis de que el proyecto seguirá gastando al mismo ritmo que gasta actualmente. ¿Cuál es la variación a la conclusión (VAC) del proyecto?

a. -$143
b. +$143
c. -$125
d. +$125

14. En el proyecto el valor ganado (EV) = $350. El costo real (AC) = $280. El valor planificado (PV) = $500. El presupuesto total del proyecto es $1.000. Haz la hipótesis de que la estimación inicial era errónea. Tu equipo de ingenieros te ha proporcionado una nueva estimación del trabajo restante de $1.200. ¿Cuál es la estimación hasta la conclusión (ETC) del proyecto?

a. $800
b. $930
c. $1.200
d. $1.480

15. El paquete de trabajo 1.2.2.3 de tu proyecto tiene un presupuesto total de $5.000. Como este paquete de trabajo es pequeño y está planificado que se complete en dos periodos de reporte, se ha decidido emplear el método de fórmula fija 50/50 para reportar su valor ganado. El paquete de trabajo 1.2.2.3 está completo al 98 % a día de hoy. En este momento deberías reportar un valor ganado de:

a. $0
b. $2.500
c. $4.900
d. $5.000

16. En tu proyecto el valor ganado (EV) = $250. El costo real (AC) = $200. El valor planificado (PV) = $400. ¿Cuál es el índice de desempeño del costo (CPI)?

a. 1,25
b. 0,80
c. 0,625
d. 1,60

17. Acabas de asumir el rol de director de proyectos en un proyecto para proporcionar sistemas de refrigeración a granjeros independientes sin una fuente de energía confiable. En el proyecto se está usando la Gestión del Valor Ganado (EVM). El anterior director del proyecto te ha pasado información incompleta. En el proyecto, el índice de desempeño del costo (CPI) = 0,8. El valor ganado (EV) = $120.000. El valor planificado (PV) = $60.000. ¿Cuál es el costo real (AC) de este proyecto?

a. $48.000
b. $75.000
c. $96.000
d. $150.000

18. Basándonos en la siguiente tabla, ¿cuál es la variación del cronograma (SV) del proyecto?

	Valor Planificado (PV)	Valor Total (BAC)	Costo Real (AC)	%Completo del Total
Actividad K	$3.000	$3.000	$3.500	100%
Actividad L	$2.400	$3.000	$2.700	60%
Actividad M	$1.400	$3.000	$1.700	50%

a. -$500
b. -$1.000
c. -$1.600
d. -$2.700

19. En el método del valor ganado, ¿qué término representa el costo presupuestado del trabajo completado a día de hoy?

a. valor planificado (PV)
b. valor ganado (EV)
c. costo real (AC)
d. presupuesto hasta la conclusión (BAC)

20. El proyecto consiste en reconstruir un puente histórico como parte de un proyecto a largo plazo de restauración de patrimonio. El presupuesto total es $500.000. El tiempo pasa rápidamente. Nos encontramos al final del noveno mes de un proyecto de 12 meses. Se ha completado el 90% del trabajo total. En el trabajo completado se han gastado $360.000. El índice de desempeño del costo (CPI) es:

a. 1,25
b. 1,20
c. 0,90
d. 0,80

21. Basándonos en el gráfico, el proyecto actualmente está...

a. adelantado respecto al cronograma y por debajo del presupuesto
b. adelantado respecto al cronograma y por encima del presupuesto
c. retrasado respecto al cronograma y por debajo del presupuesto
d. retrasado respecto al cronograma y por encima del presupuesto

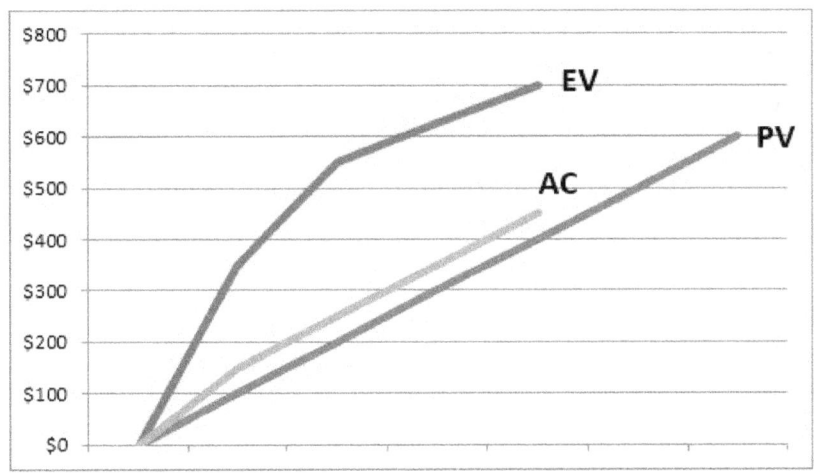

22. El paquete de trabajo 1.3.2.8 de tu proyecto tiene un presupuesto hasta la conclusión (BAC) de $20.000. Como el paquete de trabajo está relacionado con la recepción de material, se ha decidido usar el método de fórmula fija 0/100 para reportar el valor ganado. El paquete de trabajo 1.3.2.8 va retrasado y está a punto de completarse aunque aún no se ha completado. Hoy tienes que reportar el valor ganado de este paquete de trabajo en tu revisión mensual. Deberías reportar un valor ganado de:

a. $0
b. $1
c. $19.500
d. $20.000

23. En tu proyecto el valor ganado (EV) = $280. El costo real (AC) = $350. El valor planificado (PV) = $260. El presupuesto total del proyecto es $500. Haz la hipótesis de que se seguirá gastando al mismo ritmo que se gasta actualmente. ¿Cuál es la estimación a la conclusión (EAC) del proyecto?

a. $625
b. $570
c. $609
d. $500

24. En tu proyecto el valor ganado (EV) = $280. El costo real (AC) = $350. El valor planificado (PV) = $260. El presupuesto total del proyecto es $500. Haz las hipótesis de que las desviaciones actuales son atípicas y de que el trabajo restante se completará usando las estimaciones iniciales. ¿Cuál es la estimación a la conclusión (EAC) del proyecto?

a. $625
b. $570
c. $609
d. $500

25. Tu proyecto está por encima del presupuesto y retrasado respecto al cronograma. ¿Cuál de las siguientes afirmaciones en relación al índice de desempeño del costo (CPI) y al índice de desempeño del cronograma (SPI) es verdadera?

a. CPI > 1 y SPI > 1
b. CPI > 1 y SPI < 1
c. CPI < 1 y SPI > 1
d. CPI < 1 y SPI < 1

26. Basándonos en la siguiente tabla, ¿cuál es el valor ganado (EV) del proyecto?

	Valor Planificado (PV)	Valor Total (BAC)	Costo Real (AC)	%Completo del Total
Actividad A	$3.000	$3.000	$2.500	100%
Actividad B	$2.400	$3.000	$2.700	80%
Actividad C	$400	$3.000	$800	50%

a. $5.800
b. $6.000
c. $6.900
d. $9.000

27. El paquete de trabajo 1.2.2.8 de tu proyecto tiene un presupuesto hasta la conclusión (BAC) de $10.000. Como el paquete de trabajo está relacionado con la recepción de material, se ha decidido emplear el método de la fórmula fija 0/100 para reportar el valor ganado. El paquete de trabajo 1.2.2.8 en realidad se ha completado adelantado respecto al cronograma. Hoy tienes que reportar el valor ganado de este paquete de trabajo en tu revisión mensual. Deberías reportar un valor ganado de:

a. $0
b. $1
c. $9.500
d. $10.000

28. Un índice de desempeño del cronograma (SPI) de 1.30 significa que:

a. basándonos en el método del camino crítico, las actividades están un 30% adelantadas al cronograma
b. el proyecto está un 30% por encima del presupuesto
c. considerando todas las actividades, el proyecto se está desarrollando al 130% del ritmo previsto
d. el proyecto está un 30% por debajo del presupuesto

29. En tu proyecto el valor ganado (EV) = $280. El costo real (AC) = $350. El valor planificado (PV) = $260. El presupuesto total del proyecto es $500. Haz la hipótesis de que se seguirá gastando al mismo ritmo que se gasta actualmente. ¿Cuál es el índice de desempeño del trabajo por completar (TCPI) necesario para terminar el proyecto de acuerdo a la previsión de la estimación a la conclusión (EAC)?

a. 0,80
b. 0,90
c. 1,11
d. 1,25

30. Estás gestionando una actualización menor del sistema de la página web de tu empresa. El presupuesto es $1.400. A día de hoy deberías tener un trabajo completado por valor de $700. Sólo tienes un trabajo completado por valor de $350 y has gastado $200 en completar ese trabajo.
¿Cuál es la variación del costo (CV) del proyecto?

a. +$150
b. +$350
c. +$500
d. -$350

31. El índice de desempeño del cronograma (SPI) es 0,75 y el índice de desempeño del costo (CPI) es 1,25. El proyecto está:

a. adelantado respecto al cronograma y por debajo del presupuesto
b. retrasado respecto al cronograma y por debajo del presupuesto
c. adelantado respecto al cronograma y por encima del presupuesto
d. retrasado respecto al cronograma y por encima del presupuesto

32. Acabas de asumir el rol de director de proyectos en un proyecto para proporcionar agua potable a comunidades de zonas áridas. En el proyecto se está usando la gestión del valor ganado (EVM). El anterior director del proyecto te ha proporcionado información incompleta. En tu proyecto, el índice de desempeño del cronograma (SPI) = 0,8. El valor ganado (EV) = $120.000. El costo real (AC) = $60.000. ¿Cuál es el valor planificado (PV) de este proyecto?

a. $48.000
b. $75.000
c. $96.000
d. $150.000

33. En el método del valor ganado, ¿qué término representa el costo real del trabajo realizado?

a. valor planificado (PV)
b. valor ganado (EV)
c. costo real (AC)
d. presupuesto hasta la conclusión (BAC)

34. En tu proyecto el valor ganado (EV) = $350. El costo real (AC) = $280. El valor planificado (PV) = $500. El presupuesto total del proyecto es $1.000. Haz la hipótesis de que la estimación inicial era errónea. Tu equipo de ingenieros te ha proporcionado una nueva estimación del trabajo restante de $1.200. ¿Cuál es la estimación a la conclusión (EAC) del proyecto?

a. $800
b. $930
c. $1.023
d. $1.480

35. El paquete de trabajo 1.7.2 es uno de tus paquetes de trabajo más grandes. De hecho, se espera que el trabajo de este paquete abarque varios periodos de reporte. Se han creado hitos y se ha decidido usar el método de los hitos ponderados para calcular el valor ganado. Se han puesto en marcha las mejores prácticas, que establecen un hito interno por periodo de reporte, sin asignar valor parcial.
Este es el estado a día de hoy.

Hitos	PV	Porcentaje Completo	EV
Hito A	$3.000	100%	
Hito B	$4.000	50%	
Hito C	$5.000	0	

En este momento, deberíamos reportar un valor ganado de:

a. $0
b. $3.000
c. $5.000
d. $12.000

36. En tu proyecto el valor ganado (EV) = $350. El costo real (AC) = $280. El valor planificado (PV) = $500. El presupuesto total del proyecto es $1.000. Haz las hipótesis de que las desviaciones actuales son atípicas y de que el trabajo restante se completará usando las estimaciones iniciales. ¿Cuál es la estimación a la conclusión (EAC) del proyecto?

a. $800
b. $930
c. $1.023
d. $1.480

37. En tu proyecto el valor ganado (EV) = $350. El costo real (AC) = $280. El valor planificado (PV) = $500. El presupuesto total del proyecto es $1.000. Haz la hipótesis de que se seguirá gastando al mismo ritmo que se gasta actualmente. ¿Cuál es la estimación hasta la conclusión (ETC) del proyecto?

a. $520
b. $800
c. $1.023
d. $1.800

38. En tu proyecto el valor ganado (EV) = $350. El costo real (AC) = $280. El valor planificado (PV) = $500. El presupuesto total del proyecto es $1.000. ¿Cuál es el índice de desempeño del trabajo por completar (TCPI) necesario para terminar el proyecto de acuerdo al presupuesto hasta la conclusión (BAC)?

a. 0,80
b. 0,90
c. 1,11
d. 1,25

39. Basándonos en la siguiente tabla, ¿cuál es el índice de desempeño del costo (CPI) del proyecto?

	Valor Planificado (PV)	Valor Total (BAC)	Costo Real (AC)	%Completo del Total
Actividad D	$2.500	$2.500	$2.500	100%
Actividad E	$2.500	$2.500	$2.700	80%
Actividad F	$1.250	$2.500	$1.500	50%

a. 1,16
b. 0,86
c. 0,92
d. 1,09

40. El proyecto consiste en reconstruir un puente histórico como parte de un proyecto a largo plazo de restauración de patrimonio. El presupuesto total es $500.000. El tiempo pasa rápidamente. Nos encontramos al final del noveno mes de un proyecto de 12 meses. El presupuesto es constante para cada mes. Se ha completado el 90% del trabajo total. En el trabajo que se ha completado se han gastado $360.000. El índice de desempeño del cronograma (SPI) es:

a. 1,25
b. 1,20
c. 0,90
d. 0,80

41. Basándonos en el gráfico, el proyecto está actualmente…

a. adelantado respecto al cronograma y por debajo del presupuesto
b. adelantado respecto al cronograma y por encima del presupuesto
c. retrasado respecto al cronograma y por debajo del presupuesto
d. retrasado respecto al cronograma y por encima del presupuesto

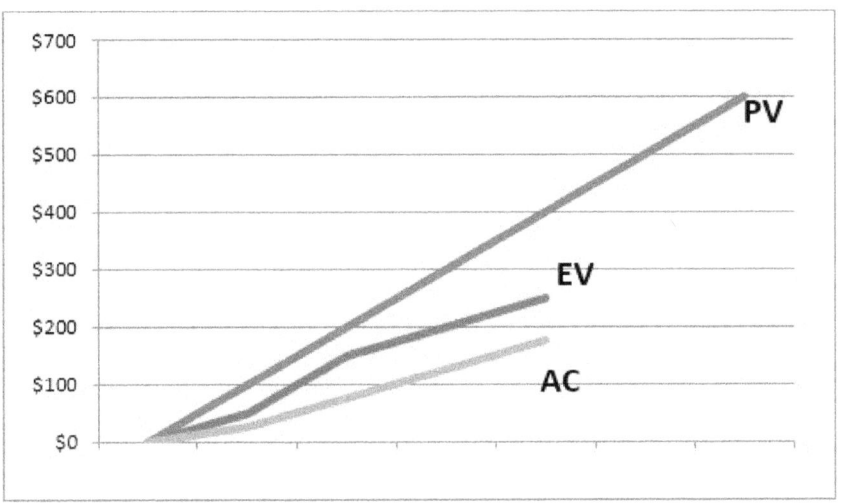

42. Un índice de desempeño del costo (CPI) de 0,80 significa:

a. el proyecto se está desarrollando al 80% del ritmo previsto
b. el proyecto se está desarrollando un 80% por encima del presupuesto
c. el 80% del presupuesto planificado para haberse gastado a día de hoy, se ha gastado
d. por cada dólar que gastamos en el proyecto, obtenemos 80 céntimos de valor

43. El paquete de trabajo 1.3.2 es uno de tus paquetes de trabajo más grandes. De hecho, se espera que el trabajo de este paquete abarque varios periodos de reporte. Por ello, se han creado hitos y se ha decidido usar el método de los hitos ponderados para calcular el valor ganado. Se han puesto en marcha las mejores prácticas, que establecen un hito interno por periodo de reporte, sin asignar valor parcial.

Este es el estado a día de hoy.

Hitos ponderados	1°	2°	3°
Valor Planificado	$5.000	$5.000	$5.000
Porcentaje Completo	100%	100%	25%

En este momento, deberíamos reportar un valor ganado de:

a. $0
b. $5.000
c. $10.000
d. $11.250

44. Basándonos en la siguiente tabla, ¿cuál es el índice de desempeño del cronograma (SPI) del proyecto?

	Valor Planificado (PV)	Valor Total (BAC)	Costo Real (AC)	%Completo del Total
Actividad D	$2.500	$2.500	$2.500	100%
Actividad E	$2.500	$2.500	$2.700	80%
Actividad F	$1.250	$2.500	$1.500	50%

a. 1,16
b. 0,86
c. 0,92
d. 0,09

45. Tu proyecto está por debajo del presupuesto y adelantado respecto al cronograma. ¿Cuál de las siguientes afirmaciones es correcta en relación al índice de desempeño del costo (CPI) y al índice de desempeño del cronograma (SPI)?

a. CPI > 1 y SPI > 1
b. CPI > 1 y SPI < 1
c. CPI < 1 y SPI > 1
d. CPI < 1 y SPI < 1

46. Acabas de asumir el rol de director de proyectos en un proyecto para recoger fondos para la investigación contra el cáncer. En el proyecto se está usando la gestión del valor ganado y te han pasado cierta información incompleta. En tu proyecto la variación del costo (CV) = $40.000 y el costo real (AC) = $20.000. ¿Cuál es el valor ganado (EV) de este proyecto?

a. -$20.000
b. +$20.000
c. +$40.000
d. +$60.000

47. En tu proyecto el valor ganado (EV) = $280. El costo real (AC) = $350. El valor planificado (PV) = $260. El presupuesto total del proyecto es $500. Haz la hipótesis de que se seguirá gastando al mismo ritmo que se gasta actualmente. ¿Cuál es la variación a la conclusión (VAC) del proyecto?

a. -$625
b. -$570
c. -$275
d. -$125

48. En tu proyecto el valor ganado (EV) = $500. El costo real (AC) = $300. El valor planificado (PV) = $400. ¿Cuál es la variación del costo (CV)?

a. $ 200
b. $ 400
c. $ 500
d. -$ 200

49. Se ha programado que el proyecto dure seis meses. El presupuesto para cada mes es $200 y se espera que se mantenga constante durante el ciclo de vida del proyecto. Acabas de completar el cuarto mes del proyecto. El treinta (30) por ciento del trabajo total se ha completado y has gastado el sesenta (60) por ciento del presupuesto total.
La variación del cronograma (SV) de este proyecto es:

a. -$440
b. -$360
c. +$440
d. +$360

50. Está previsto que el paquete de trabajo 1.4.3 necesite 1.000 horas de mano de obra para completarse. El costo de la mano de obra es $45/hora. Debido a la naturaleza del paquete de trabajo se ha decidido usar el método del porcentaje completado para calcular el valor ganado. Hasta este momento se han gastado 500 horas en el paquete de trabajo y se ha completado el 30% del trabajo. El valor ganado (EV) que deberíamos reportar es:

a. $0
b. $13.500
c. $22.500
d. $45.000

Pregunta Extra #1-

Creo que esta pregunta es demasiado enrevesada para el examen. La he incluido aquí solo por si acaso.

El proyecto consiste en reconstruir un puente histórico como parte de un proyecto a largo plazo de restauración de patrimonio. El presupuesto total es $500.000. El tiempo parece pasar rápidamente. El proyecto está a medio camino de lo que se había programado. Sólo el 30% del trabajo que debería haberse completado a día de hoy de acuerdo con la planificación, se ha completado. Se han gastado $280.000 en el trabajo que se ha completado. El valor ganado (EV) de este proyecto es:

a. $500.000
b. $280.000
c. $150.000
d. $75.000

Pregunta Extra #2.

El proyecto tiene un presupuesto total de $150.000. El valor planificado es $75.000. A día de hoy, se ha completado un tercio del trabajo. Se ha gastado el cincuenta por ciento del "presupuesto hasta la fecha". ¿Cuál es el costo real (AC)?

a. $0
b. $37.500
c. $75.000
d. $150.000

Pregunta Extra #3.

El proyecto consiste en transferir tecnología
desarrollada en tu fábrica de Río de Janeiro hasta un
centro de operaciones en China. Hay
aproximadamente 2.000 interesados en el proyecto
viviendo en 7 países distintos. Tu patrocinador está
muy implicado y contacta contigo regularmente,
además de con el equipo de dirección del proyecto y
con los interesados clave. Tu CPI es 0,95 y el proyecto
está 14 semanas retrasado respecto al cronograma.
Basándonos en este escenario, ¿cuál debería ser tu
mayor motivo de preocupación?

a. cronograma
b. costo
c. gestionar a los interesados
d. gestionar al patrocinador

Tercera Parte

1. Basándonos en el gráfico, el proyecto está actualmente…

a. adelantado respecto al cronograma y por debajo del presupuesto
b. adelantado respecto al cronograma y por encima del presupuesto
c. retrasado respecto al cronograma y por debajo del presupuesto
d. retrasado respecto al cronograma y por encima del presupuesto

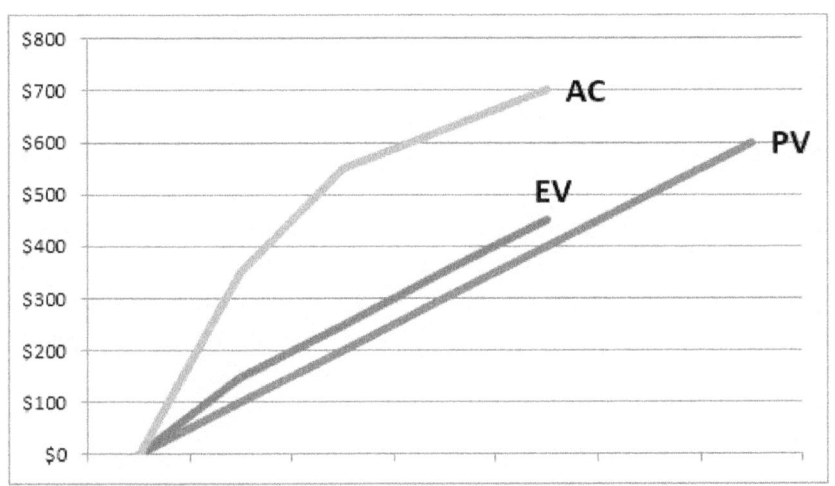

Solución:
La respuesta (b) es la mejor respuesta.
Comienza siempre por el valor ganado (EV) cuando resuelvas problemas que te pregunten si el proyecto está adelantado o retrasado respecto al cronograma, o por encima o debajo del presupuesto.

Como el valor ganado (EV) > valor planificado (PV), el proyecto está adelantado respecto al cronograma. Tenemos más trabajo completado (EV) que el planificado (PV).

Como el valor ganado (EV) < costo real (AC) el proyecto está por encima del presupuesto. Tenemos menos trabajo completado (EV) que dinero gastado (AC).

2. Acabas de asumir el rol de director de proyectos en un proyecto de construcción de una instalación de doma de caballos. En el proyecto se está usando la Gestión del Valor Ganado (EVM) y te han pasado cierta información incompleta. En el proyecto, el índice de desempeño del costo (CPI) = 1,2. El costo real (AC) = $75.000. El valor planificado (PV) = $60.000. ¿Cuál es el valor ganado (EV) de este proyecto?

a. $50.000
b. $62.500
c. $72.000
d. $90.000

Solución:
La respuesta (d) es la mejor respuesta.
Esta es una pregunta de manipulación de ecuaciones. Si miramos la lista de ecuaciones, probablemente no tengamos una ecuación para calcular el valor ganado (EV). En esta pregunta nos dan el índice de desempeño del costo (CPI), el costo real (AC), y el valor planificado (PV). Nos piden que calculemos el valor ganado (EV). ¿Tenemos alguna ecuación con tres de estos términos que incluya el valor ganado (EV)? Es probable que sí tengamos la ecuación:

$CPI = EV/AC$.
Resolvemos para calcular EV. Por lo tanto, nos gustaría tener EV solo a un lado del igual. Multiplicamos ambos lados de la ecuación por AC. $AC * CPI = AC * (EV/AC)$. Simplificamos los dos ACs del lado derecho de la ecuación.
$AC * CPI = EV$.
$75.000 * (1,2) = EV$
$90.000 = EV$

Observa que no hemos usado el PV para responder esta pregunta. En el examen puede que nos proporcionen datos que no serán necesarios para resolver el problema. A ésto yo lo llamo "información de distracción".

3. En tu proyecto el valor ganado (EV) = $500. El costo real (AC) = $100. El valor planificado (PV) = $300. ¿Cuál es la variación del cronograma (SV)?

a. $200
b. $100
c. -$100
d. -$200

Solución:
La respuesta (a) es la mejor respuesta.

Variación del Cronograma (SV)= valor ganado (EV) – valor planificado (PV)
SV = EV - PV
SV = $500 – $300 = $200.

EV > PV. El costo presupuestado del trabajo completado (EV) es mayor que el valor presupuestado del trabajo programado (PV). El proyecto va adelantado respecto al cronograma.

NOTA- no era necesario usar el AC para responder la pregunta.
En el gráfico, la curva del EV (el costo presupuestado de la cantidad de trabajo que se ha completado) es mayor que el PV (el costo presupuestado del trabajo que según la planificación debería estar completado a día de hoy). Por lo tanto, sé que la respuesta será un número positivo.

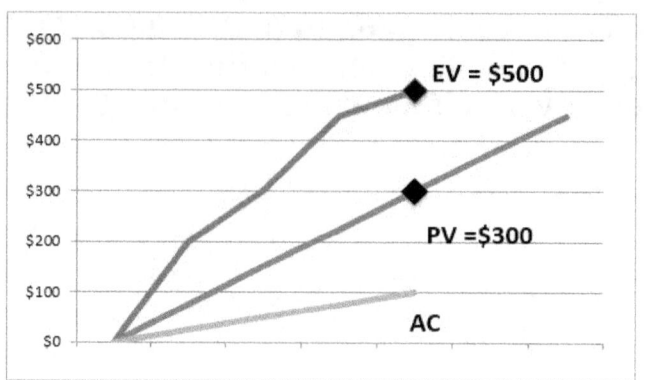

© AME Group Inc. Octubre 2014

4. En el método de la gestión del valor ganado (EVM), ¿qué término representa el costo presupuestado del trabajo que debería haberse completado a día de hoy de acuerdo con la planificación?

a. valor planificado (PV)
b. valor ganado (EV)
c. costo real (AC)
d. presupuesto hasta la conclusión (BAC)

Solución:
La respuesta (a) es la mejor respuesta.

PV	Valor Planificado (Planned Value)	¿Cuánto trabajo debería haberse completado a día de hoy de acuerdo con la planificación?
EV	Valor Ganado (Earned Value)	¿Cuánto trabajo se ha completado a día de hoy?
AC	Costo Real (Actual Cost)	¿Cuánto nos hemos gastado en el trabajo que se ha completado?
BAC	Presupuesto hasta la Conclusión (Budget at Completion)	¿Cuál es el presupuesto total del proyecto?
EAC	Estimación a la Conclusión (Estimate at Completion)	Basándonos en lo que sabemos ahora, ¿cuánto estimamos que costará el proyecto?
ETC	Estimación hasta la Conclusión (Estimate to Complete)	¿Cuánto más necesitamos gastarnos a parte de lo que ya nos hemos gastado?
VAC	Variación a la Conclusión (Variance at Completion)	¿Cuánto estimamos que vamos a desviarnos respecto al BAC?

5. En el proyecto el valor ganado es (EV) = $500. El costo real es (AC) = $300. El valor planificado es (PV) = $400. El proyecto está:

a. adelantado respecto al cronograma y por debajo del presupuesto
b. retrasado respecto al cronograma y por debajo del presupuesto
c. adelantado respecto al cronograma y por encima del presupuesto
d. retrasado respecto al cronograma y por encima del presupuesto

Solución:
La respuesta (a) es la mayor respuesta.

El índice de desempeño del cronograma (SPI) = EV/PV
SPI = $500/$400= 1.25.
1.25 >1. Un SPI >1 es bueno. El proyecto está adelantado respecto al cronograma.

El índice de desempeño del costo (CPI) = EV/AC
CPI = $500/$300 = 1.67
1.67 > 1. Un CPI > 1 es bueno. El proyecto está por debajo del presupuesto.

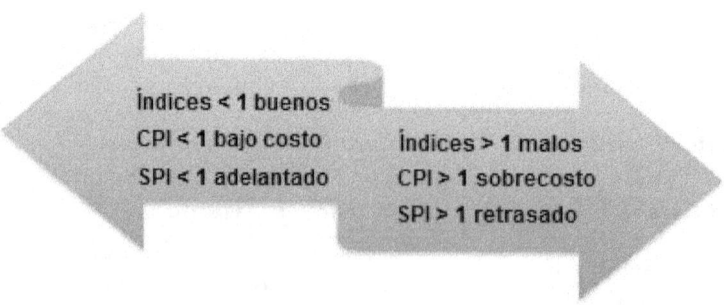

Índices < 1 buenos
CPI < 1 bajo costo
SPI < 1 adelantado

Índices > 1 malos
CPI > 1 sobrecosto
SPI > 1 retrasado

6. En el proyecto el valor ganado es (EV) = $350. El costo real es (AC) = $280. El valor planificado es (PV) = $500. El presupuesto total del proyecto es $1.000. Haz la hipótesis de que se seguirá gastando al mismo ritmo que se gasta actualmente. ¿Cuál es la estimación a la conclusión (EAC) del proyecto?

a. $800
b. $930
c. $1.000
d. $1.023

Solución:
La respuesta (a) es la mejor respuesta.

Hay muchas ecuaciones para la Estimación a la Conclusión (EAC).

Usamos la ecuación: EAC = BAC/CPI para la hipótesis: "se seguirá gastando al mismo ritmo".

Usamos la ecuación: EAC = AC + (BAC - EV) para las hipótesis: "las desviaciones actuales son atípicas y el trabajo restante se completará usando las estimaciones iniciales"

Usamos la ecuación: EAC = AC + ((BAC-EV)/(SPI*CPI)) para la hipótesis: "el trabajo restante se verá afectado por los desempeños actuales de cronograma y costo".

Usamos la ecuación: EAC = AC + estimación-ascendente ETC para la hipótesis: "la planificación inicial ya no es válida"

Escoge la ecuación que corresponde a la hipótesis de que se seguirá gastando al mismo ritmo.

EAC= BAC/CPI.

BAC representa el presupuesto hasta la conclusión, que es el presupuesto total del proyecto. En este ejemplo nos dan un BAC de $1.000.
CPI representa el índice de desempeño del costo.
CPI= EV/AC.
CPI= $350/$280 = 1,25.

EAC = BAC/CPI = 1.000/1,25 = $800.
Como el EAC < BAC estamos estimando que no superaremos el presupuesto.

7. El paquete de trabajo 1.5.2.3 de tu proyecto tiene un presupuesto hasta la conclusión (BAC) de $4.000. Como este paquete de trabajo es pequeño y está planificado que se complete en 2 periodos de reporte, se ha decidido emplear el método de fórmula fija 50/50 para reportar su valor ganado. El paquete de trabajo 1.5.2.3 acaba de iniciarse y se ha completado muy poco trabajo del mismo. Hoy tienes que hacer el reporte de su valor ganado. En este momento deberías reportar un valor ganado de:

a. $0
b. $1
c. $2.000
d. $4.000

Solución:
La respuesta (c) es la mejor respuesta.
En el enunciado se afirma que se va a emplear el método de la formula fija 50/50 para reportar el valor ganado. Con este método se asigna el 50% del valor ganado al comenzar el paquete de trabajo, y el otro 50% cuando éste se ha completado. En este ejemplo el paquete de trabajo ha comenzado pero no ha finalizado, por lo que se toma el 50% del valor. El 50% de un BAC de $4.000= $2.000.
El valor ganado que podemos reportar es $2.000.

La siguiente tabla compara los métodos 0/100, 50/50, y 25/75.

Método	Inicio	Final	BAC Total
0/100	0%	100%	
	$0	$4.000	$4.000
50/50	50%	50%	
	$2.000	$2.000	$4.000
25/75	25%	75%	
	$1.000	$3.000	$4.000

8. Un índice de desempeño del cronograma (SPI) de 0,82 significa que:

a. **el 82% del trabajo planificado para haberse completado a día de hoy, se ha completado**
b. **el 82% del trabajo total del proyecto se ha completado**
c. **se ha gastado el 82% del presupuesto del proyecto**
d. **el 82% del presupuesto planificado para haberse gastado a día de hoy, se ha gastado**

Solución:
La respuesta (a) es la mejor respuesta.
SPI = EV/PV
Un SPI de 0,82 significa que el proyecto avanza al 82% del ritmo previsto. No sabemos cuánto trabajo se ha completado (EV) con solo mirar al SPI. Sólo sabemos cuánto trabajo se ha completado (EV) en comparación con el que debería haberse completado a día de hoy de acuerdo con la planificación (PV). El SPI no nos da información sobre cuánta parte del presupuesto del proyecto se ha gastado (AC).

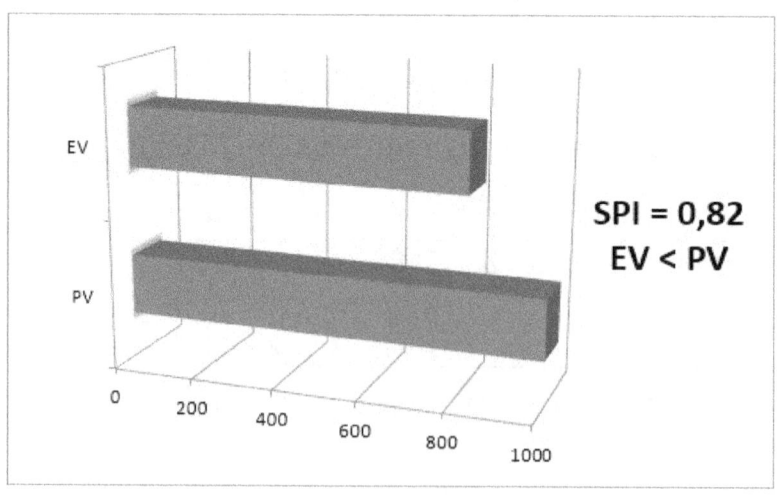

© AME Group Inc. Octubre 2014

9. La estimación a la conclusión (EAC) del proyecto es $140.000
El índice de desempeño del costo (CPI) es 0,80.
¿Cuál es el presupuesto hasta la conclusión (BAC) del proyecto?

a. $112.000
b. $140.000
c. $175.000
d. $220.000

Solución:
La respuesta (a) es la mejor respuesta.

Esta es una pregunta de manipulación de ecuaciones. Conocemos el EAC y el CPI, y queremos calcular el BAC. Para resolverlo debemos buscar una ecuación que contenga EAC, CPI, y BAC. Si no nos dan hipótesis en el enunciado, deberemos asumir que se gastará al mismo ritmo. La ecuación que usaremos es:

EAC= BAC/CPI.
Para obtener el BAC multiplicamos ambos miembros de la ecuación por CPI.

(CPI) * (EAC) = (CPI) * (BAC/CPI).
Simplificamos los dos CPIs del lado derecho de la ecuación.
(CPI)* (EAC) = BAC.
(0,8)*($140.000) = BAC
BAC= $112.000

Nota- Este problema puede resolverse sin emplear las matemáticas.
Como el CPI es menor que uno, sabemos que el proyecto va con sobrecosto. Por lo tanto, el presupuesto del proyecto (el BAC) debe ser menor que la EAC de $140.000. La respuesta (a) es la única respuesta con une EAC menor que $140.000.

10. **En tu proyecto el valor ganado (EV) = $250. El costo real (AC) = $200. El valor planificado (PV) = $400. ¿Cuál es el índice de desempeño del cronograma (SPI)?**

a. 1,25
b. 0,80
c. 0,625
d. 1,60

Solución:
La respuesta (c) es la mejor respuesta.

El índice de desempeño del cronograma (SPI) = EV/PV
SPI = $250/$400= 0,625.
0,625 < 1. Un SPI < 1 es malo. El proyecto está retrasado respecto al cronograma.

11. El índice de desempeño del cronograma (SPI) es 0,75 y el índice de desempeño del costo (CPI) es 0,80. El proyecto está:

a. adelantado respecto al cronograma y por debajo del presupuesto
b. retrasado respecto al cronograma y por debajo del presupuesto
c. adelantado respecto al cronograma y por encima del presupuesto
d. retrasado respecto al cronograma y por encima del presupuesto

Solución:
La respuesta (d) es la mejor respuesta.
SPI = 0,75.
0,75 < 1. Los índices < 1 son malos. El proyecto está retrasado respecto al cronograma.
SPI = EV/PV. Si SPI < 1 entonces el EV < PV.
Esto significa que tenemos menos trabajo completado (EV) que el trabajo planificado (PV). Estamos retrasados respecto al cronograma.

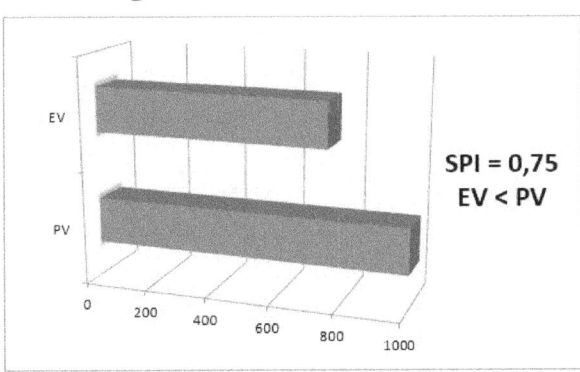

CPI = 0,80.
0,80 < 1. Los índices < 1 son malos. El proyecto está por encima de presupuesto.
CPI = EV/AC. Si CPI < 1 entonces el EV < AC.
Esto significa que tenemos menos trabajo completado (EV) que dinero gastado para ese trabajo. Vamos por encima del presupuesto.

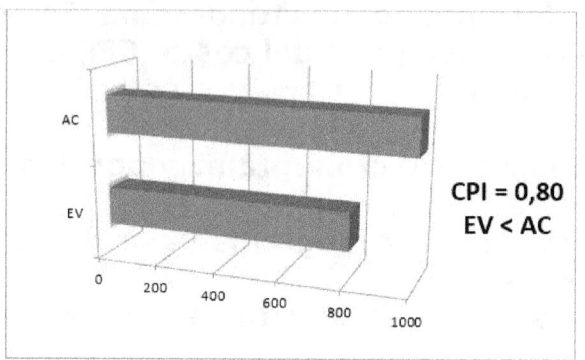

CPI = 0,80
EV < AC

12. En tu proyecto el valor ganado (EV) = $350. El costo real (AC) = $280. El valor planificado (PV) = $500. El presupuesto total del proyecto es $1.000. Haz la hipótesis de que el trabajo restante se verá afectado por los desempeños actuales de cronograma y costo. ¿Cuál es la estimación hasta la conclusión (EAC) del proyecto?

a. $800
b. $930
c. $1.023
d. $1.480

Solución:
La respuesta (c) es la mejor respuesta.

Hay muchas ecuaciones para la Estimación a la Conclusión (EAC).

Hay muchas ecuaciones para la Estimación a la Conclusión (EAC).

Usamos la ecuación: EAC = BAC/CPI para la hipótesis: "se seguirá gastando al mismo ritmo".

Usamos la ecuación: EAC = AC + (BAC - EV) para las hipótesis: "las desviaciones actuales son atípicas y el trabajo restante se completará usando las estimaciones iniciales"

Usamos la ecuación: EAC = AC + ((BAC-EV)/(SPI*CPI)) para la hipótesis: "el trabajo restante se verá afectado por los desempeños actuales de cronograma y costo".

Usamos la ecuación: EAC = AC + estimación-ascendente ETC para la hipótesis: "la planificación inicial ya no es válida"

Escoge la ecuación que corresponde a la hipótesis de que el trabajo restante se verá afectado por los desempeños actuales de cronograma y costo.

EAC = AC + (BAC-EV)/(CPI*SPI).

AC = $280. Esto es un dato.
BAC - EV= $1.000 - $350 = $650

CPI= EV/AC= $350/$280 = 1,25
SPI = EV/PV = $350/ $500 = 0,70
CPI * SPI= 1,25 * 0,70 = 0,875

EAC = AC + (BAC-EV)/(CPI*SPI)
EAC = $280 + ($650/0,875)
EAC= $280 + $743
EAC= $1.023

13. En el proyecto el valor ganado (EV) = $350. El costo real (AC) = $400. El valor planificado (PV) = $500. El presupuesto total del proyecto es $1.000. Haz la hipótesis de que el proyecto seguirá gastando al mismo ritmo que gasta actualmente. ¿Cuál es la variación a la conclusión (VAC) del proyecto?

a. -$143
b. +$143
c. -$125
d. +$125

Solución:
La respuesta (a) es la mejor respuesta.

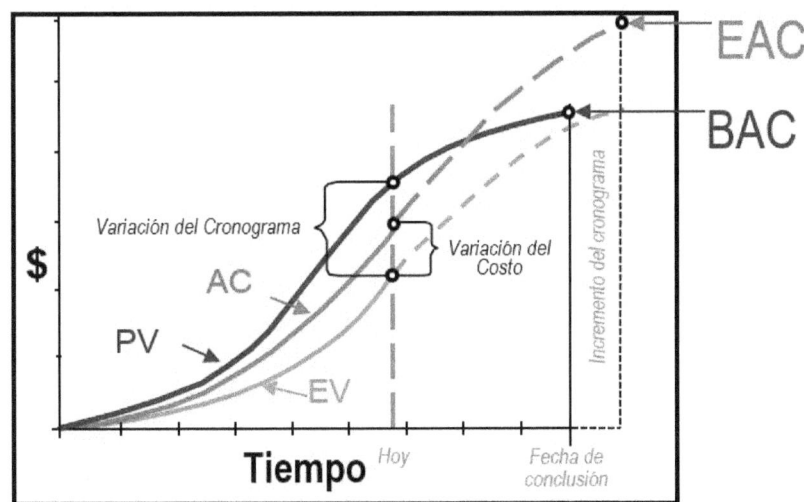

VAC = BAC- EAC
BAC representa el presupuesto hasta la conclusión, que es el presupuesto total del proyecto. En este ejemplo nos dan un BAC de $1.000.
EAC= BAC/CPI.
CPI representa al índice de desempeño del costo.
CPI= EV/AC.
CPI= $350/$400= 0,875

EAC = BAC/CPI = $1.000/0,875 = $1.143.
VAC= BAC- EAC
VAC= $1.000- $1.143
VAC= -$143
Como el resultado es un número negativo, estamos estimando que sobrepasaremos el presupuesto del proyecto (BAC).

14. En el proyecto el valor ganado (EV) = $350. El costo real (AC) = $280. El valor planificado (PV) = $500. El presupuesto total del proyecto es $1.000. Haz la hipótesis de que la estimación inicial era errónea. Tu equipo de ingenieros te ha proporcionado una nueva estimación del trabajo restante de $1.200. ¿Cuál es la estimación hasta la conclusión (ETC) del proyecto?

a. $800
b. $930
c. $1.200
d. $1.480

Solución:
La respuesta (c) es la mejor respuesta.

La estimación hasta la conclusión (ETC) nos dice cuanto más necesitamos gastarnos, además de lo que ya nos hemos gastado en el proyecto.
De alguna manera, esta pregunta es engañosa.
El enunciado nos da la respuesta.

La estimación del equipo de ingenieros de $1.200 del trabajo restante es su previsión de cuánto más es necesario que nos gastemos para completar el proyecto (ETC).

15. El paquete de trabajo 1.2.2.3 de tu proyecto tiene un presupuesto total de $5.000. Como este paquete de trabajo es pequeño y está planificado que se complete en dos periodos de reporte, se ha decidido emplear el método de fórmula fija 50/50 para reportar su valor ganado. El paquete de trabajo 1.2.2.3 está completo al 98 % a día de hoy. En este momento deberías reportar un valor ganado de:

a. $0
b. $2.500
c. $4.900
d. $5.000

Solución:
La respuesta (b) es la mejor respuesta.

En el enunciado se afirma que se va a emplear el método de la formula fija 50/50 para reportar el valor ganado. Con este método se asigna el 50% del valor ganado al comenzar el paquete de trabajo, y el otro 50% cuando éste se ha completado. En este ejemplo el paquete de trabajo ha comenzado pero no ha finalizado, por lo que se toma el 50% del valor. El 50% de un BAC de $5.000 = $2.500.

Al calcular el valor ganado con el método de la formula fija 50/50 no importa si el paquete del trabajo está completo al 2% o al 98%. Lo único que importa es que el paquete de trabajo haya o no finalizado.

La siguiente tabla compara los métodos 0/100, 50/50, y 25/75.

Método	Inicio	Final	BAC Total
0/100	0%	100%	
	$0	$5.000	$5.000
50/50	50%	50%	
	$2.500	$2.500	$5.000
25/75	25%	75%	
	$1.250	$3.750	$5.000

16. En tu proyecto el valor ganado (EV) = $250. El costo real (AC) = $200. El valor planificado (PV) = $400. ¿Cuál es el índice de desempeño del costo (CPI)?

a. 1,25
b. 0,80
c. 0,625
d. 1,60

Solución:
La respuesta (a) es la mejor respuesta.

El Índice de Desempeño del Costo (CPI) = EV/AC
CPI = $250/$200 = 1,25
1,25 > 1. Un CPI > 1 es bueno. El proyecto está por debajo del presupuesto.

17. Acabas de asumir el rol de director de proyectos en un proyecto para proporcionar sistemas de refrigeración a granjeros independientes sin una fuente de energía confiable. En el proyecto se está usando la Gestión del Valor Ganado (EVM). El anterior director del proyecto te ha pasado información incompleta. En el proyecto, el índice de desempeño del costo (CPI) = 0,8.   El valor ganado (EV) = $120.000. El valor planificado (PV) = $60.000. ¿Cuál es el costo real (AC) de este proyecto?

a. $48.000
b. $75.000
c. $96.000
d. $150.000

Solución:
La respuesta (d) es la mejor respuesta.
Esta es una pregunta de manipulación de ecuaciones. Si miramos la lista de ecuaciones, probablemente no tengamos una ecuación para calcular el costo real (AC). En esta pregunta nos dan el índice de desempeño del costo (CPI), el valor ganado (EV), el valor planificado (PV) y nos piden que calculemos el costo real (AC). ¿Tenemos alguna ecuación con tres de estos términos que incluya el costo real (AC)? Es probable que sí tengamos la ecuación:

CPI = EV/AC.
Resolvemos para calcular AC. Por lo tanto, nos gustaría tener AC solo a un lado del igual, preferiblemente en el numerador.
Multiplicamos ambos lados de la ecuación por AC.
AC * CPI = AC * (EV/AC). Simplificamos los dos ACs del lado derecho de la ecuación.

AC * CPI = EV. Ahora dividimos ambos miembros por CPI.

(AC * CPI) / CPI = EV/ CPI. Simplificamos los dos CPIs del lado izquierdo de la ecuación.

AC = EV/CPI. Ahora realizamos el cálculo.

AC = $120.000/0,8

AC = $150.000. Como el CPI es menor que la unidad es lógico que el costo real (AC) sea mayor que el costo presupuestado del trabajo completado (EV).

Observa que no hemos usado el PV para responder esta pregunta. En el examen puede que nos proporcionen datos que no serán necesarios para resolver el problema. A ésto yo lo llamo "información de distracción".

18. Basándonos en la siguiente tabla, ¿cuál es la variación del cronograma (SV) del proyecto?

	Valor Planificado (PV)	Valor Total (BAC)	Costo Real (AC)	%Completo del Total
Actividad K	$3.000	$3.000	$3.500	100%
Actividad L	$2.400	$3.000	$2.700	60%
Actividad M	$1.400	$3.000	$1.700	50%

a. -$500
b. -$1.000
c. -$1.600
d. -$2.700

Solución:
La respuesta (a) es la mejor respuesta.
SV= EV - PV.
El valor ganado (EV) es el costo presupuestado del trabajo completado.
En el examen usa el método del porcentaje completado a menos que se especifique lo contrario.
El BAC de la Actividad K es $3.000. Se ha completado al 100%. El valor ganado de la Actividad K es $3.000.
El BAC de la Actividad L es $3.000. Se ha completado al 60%. El valor ganado de la Actividad L es 60% de $3.000 = $1.800.
El BAC de la Actividad M es $3.000. Se ha completado al 50%. El valor ganado de la Actividad M es 50% de $3.000 = $1.500.
El valor ganado del proyecto = $3.000+$1.800+$1.500 = $6.300

El valor planificado (PV) es el costo presupuestado del trabajo que debería haberse completado a día de hoy de acuerdo con la planificación.

La tabla nos muestra el valor planificado (PV) del proyecto.

PV = $3.000+$2.400+$1.400.
PV= $6.800. Éste es el costo presupuestado de la cantidad de trabajo que debería estar completada a día de hoy.

SV= EV-PV
SV = $6.300 - $6.800 = -$500. El resultado es negativo porque el proyecto está retrasado respecto al cronograma.

	Valor Planificado (PV)	Valor Total (BAC)	Costo Real (AC)	%Completo del Total	Valor Ganado
Actividad K	$3.000	$3.000	$3.500	100%	$3.000
Actividad L	$2.400	$3.000	$2.700	60%	$1.800
Actividad M	$1.400	$3.000	$1.700	50%	$1.500
Total Proyecto	$6.800	$9.000	$7.900		$6.300

© AME Group Inc. Octubre 2014

19. En el método del valor ganado, ¿qué término representa el costo presupuestado del trabajo completado a día de hoy?

a. valor planificado (PV)
b. valor ganado (EV)
c. costo real (AC)
d. presupuesto hasta la conclusión (BAC)

Solución:
La respuesta (b) es la mejor respuesta.

PV	Valor Planificado (Planned Value)	¿Cuánto trabajo debería haberse completado a día de hoy de acuerdo con la planificación?
EV	Valor Ganado (Earned Value)	¿Cuánto trabajo se ha completado a día de hoy?
AC	Costo Real (Actual Cost)	¿Cuánto nos hemos gastado en el trabajo que se ha completado?
BAC	Presupuesto hasta la Conclusión (Budget at Completion)	¿Cuál es el presupuesto total del proyecto?
EAC	Estimación a la Conclusión (Estimate at Completion)	Basándonos en lo que sabemos ahora, ¿cuánto estimamos que costará el proyecto?
ETC	Estimación hasta la Conclusión (Estimate to Complete)	¿Cuánto más necesitamos gastarnos a parte de lo que ya nos hemos gastado?
VAC	Variación a la Conclusión (Variance at Completion)	¿Cuánto estimamos que vamos a desviarnos respecto al BAC?

20. El proyecto consiste en reconstruir un puente histórico como parte de un proyecto a largo plazo de restauración de patrimonio. El presupuesto total es $500.000. El tiempo pasa rápidamente. Nos encontramos al final del noveno mes de un proyecto de 12 meses. Se ha completado el 90% del trabajo total. En el trabajo completado se han gastado $360.000. El índice de desempeño del costo (CPI) es:

a. 1,25
b. 1,20
c. 0,90
d. 0,80

Solución:
La respuesta (a) es la mejor respuesta.

CPI= EV/AC.

El valor ganado (EV) es el costo presupuestado del trabajo completado.
El 90% del trabajo total se ha completado. El costo presupuestado del trabajo total es $500.000.
EV = 90% * $500.000
EV = $450.000

AC = $360.000

CPI = EV/AC
CPI= $450.000/$360.000
CPI = 1,25

21. Basándonos en el gráfico, el proyecto actualmente está...

a. adelantado respecto al cronograma y por debajo del presupuesto
b. adelantado respecto al cronograma y por encima del presupuesto
c. retrasado respecto al cronograma y por debajo del presupuesto
d. retrasado respecto al cronograma y por encima del presupuesto

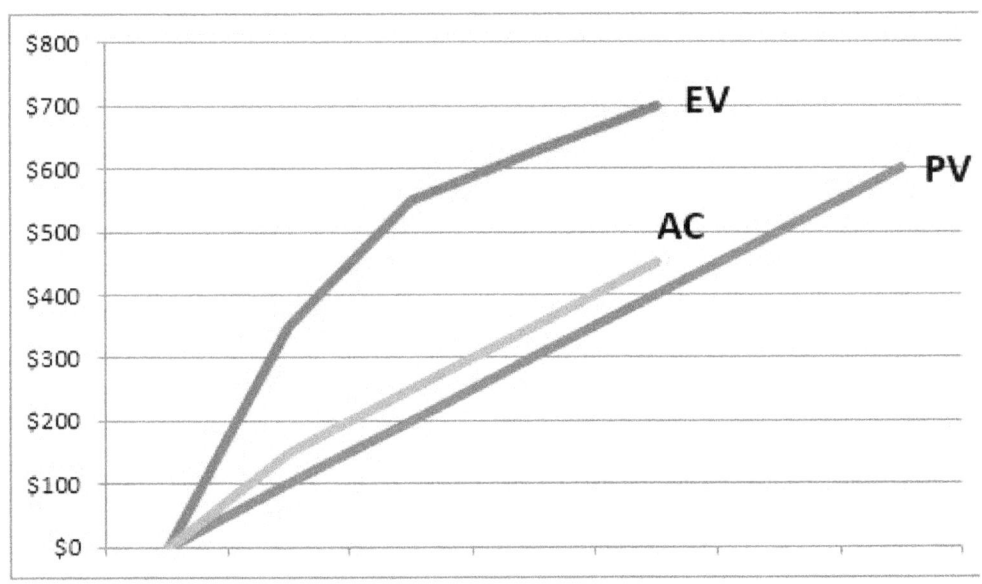

Solución:
La respuesta (a) es la mejor respuesta.
Comienza siempre por el valor ganado (EV) cuando resuelvas problemas que te pregunten si el proyecto está adelantado o retrasado respecto al cronograma, o por encima o debajo del presupuesto.

Como el valor ganado (EV) > valor planificado (PV), el proyecto está adelantado respecto al cronograma.

Tenemos más trabajo completado (EV) que el planificado (PV).

Como el valor ganado (EV) > costo real (AC) el proyecto está por debajo del presupuesto. Tenemos más trabajo completado (EV) que dinero gastado (AC).

22. El paquete de trabajo 1.3.2.8 de tu proyecto tiene un presupuesto hasta la conclusión (BAC) de $20.000. Como el paquete de trabajo está relacionado con la recepción de material, se ha decidido usar el método de fórmula fija 0/100 para reportar el valor ganado. El paquete de trabajo 1.3.2.8 va retrasado y está a punto de completarse aunque aún no se ha completado. Hoy tienes que reportar el valor ganado de este paquete de trabajo en tu revisión mensual. Deberías reportar un valor ganado de:

a. $0
b. $1
c. $19.500
d. $20.000

Solución:
La respuesta (a) es la mejor respuesta.
En el enunciado se afirma que se va a emplear el método de la formula fija 0/100 para reportar el valor ganado. Con este método se asigna el 0% del valor ganado al comenzar el paquete de trabajo, y el otro 100% cuando éste se ha completado. En el enunciado se afirma que el paquete de trabajo está casi completo. Pero casi completo, no significa completo, por lo que se toma el 0% del valor.

La siguiente tabla compara los métodos 0/100, 50/50, y 25/75.

Método	Inicio	Final	BAC Total
0/100	0%	100%	
	$0	$20.000	$20.000
50/50	50%	50%	
	$10.000	$10.000	$20.000
25/75	25%	75%	
	$5.000	$15.000	$20.000

23. En tu proyecto el valor ganado (EV) = $280. El costo real (AC) = $350. El valor planificado (PV) = $260. El presupuesto total del proyecto es $500. Haz la hipótesis de que se seguirá gastando al mismo ritmo que se gasta actualmente. ¿Cuál es la estimación a la conclusión (EAC) del proyecto?

a. $625
b. $570
c. $609
d. $500

Solución:
La respuesta (a) es la mejor respuesta.

Hay muchas ecuaciones para la Estimación a la Conclusión (EAC).

Usamos la ecuación: EAC = BAC/CPI para la hipótesis: "se seguirá gastando al mismo ritmo".

Usamos la ecuación: EAC = AC + (BAC - EV) para las hipótesis: "las desviaciones actuales son atípicas y el trabajo restante se completará usando las estimaciones iniciales"

Usamos la ecuación: EAC = AC + ((BAC-EV)/(SPI*CPI)) para la hipótesis: "el trabajo restante se verá afectado por los desempeños actuales de cronograma y costo.

Usamos la ecuación: EAC = AC + estimación-ascendente ETC para la hipótesis: "la planificación inicial ya no es válida"

Escoge la ecuación que corresponde a la hipótesis de que se seguirá gastando al mismo ritmo.

EAC= BAC/CPI.

El presupuesto hasta la conclusión (BAC) es el presupuesto total del proyecto. En este ejemplo nos dan un BAC de $500.

CPI representa el índice de desempeño del cronograma. La ecuación es: CPI= EV/AC.
CPI= $280/$350 = 0,80
EAC = BAC/CPI = $500/0,80 = $625.
Como el EAC > BAC estamos estimando que sobrepasaremos el presupuesto.

© AME Group Inc. Octubre 2014

24. En tu proyecto el valor ganado (EV) = \$280. El costo real (AC) = \$350. El valor planificado (PV) = \$260. El presupuesto total del proyecto es \$500. Haz las hipótesis de que las desviaciones actuales son atípicas y de que el trabajo restante se completará usando las estimaciones iniciales. ¿Cuál es la estimación a la conclusión (EAC) del proyecto?

a. \$625
b. \$570
c. \$609
d. \$500

Solución:
La respuesta (b) es la mejor respuesta.
Hay muchas ecuaciones para la Estimación a la Conclusión (EAC).

Usamos la ecuación: EAC = BAC/CPI para la hipótesis: "se seguirá gastando al mismo ritmo".

Usamos la ecuación: EAC = AC + (BAC - EV) para las hipótesis: "las desviaciones actuales son atípicas y el trabajo restante se completará usando las estimaciones iniciales"
Usamos la ecuación: EAC = AC + ((BAC-EV)/(SPI*CPI)) para la hipótesis: "el trabajo restante se verá afectado por los desempeños actuales de cronograma y costo.
Usamos la ecuación: EAC = AC + estimación-ascendente ETC para la hipótesis: "la planificación inicial ya no es válida"

Escoge la ecuación que corresponde a las hipótesis de que las desviaciones actuales son atípicas y el trabajo restante se completará usando las estimaciones iniciales

EAC = AC + (BAC-EV).
EAC = \$350 + (\$500 – \$280) = \$350 + \$220 = \$570.

25. Tu proyecto está por encima del presupuesto y retrasado respecto al cronograma. ¿Cuál de las siguientes afirmaciones en relación al índice de desempeño del costo (CPI) y al índice de desempeño del cronograma (SPI) es verdadera?

a. CPI > 1 y SPI > 1
b. CPI > 1 y SPI < 1
c. CPI < 1 y SPI > 1
d. CPI < 1 y SPI < 1

Solución:
La respuesta (d) es la mejor respuesta.

Índices < 1 buenos
CPI < 1 bajo costo
SPI < 1 adelantado

Índices > 1 malos
CPI > 1 sobrecosto
SPI > 1 retrasado

26. Basándonos en la siguiente tabla, ¿cuál es el valor ganado (EV) del proyecto?

	Valor Planificado (PV)	Valor Total (BAC)	Costo Real (AC)	%Completo del Total
Actividad A	$3.000	$3.000	$2.500	100%
Actividad B	$2.400	$3.000	$2.700	80%
Actividad C	$400	$3.000	$800	50%

a. $5.800
b. $6.000
c. $6.900
d. $9.000

Solución:
La respuesta (c) es la mejor respuesta.
El valor ganado (EV) es el costo presupuestado del trabajo completado.
En el examen usa el método del porcentaje completado a menos que se especifique lo contrario.
El BAC de la Actividad A es $3.000. Se ha completado al 100%. El valor ganado de la Actividad A es $3.000.
El BAC de la Actividad B es $3.000. Se ha completado al 80%. El valor ganado de la Actividad B es 80% de $3.000 = $2.400.
El BAC de la Actividad C es $3.000. Se ha completado al 50%. El valor ganado de la Actividad C es 50% de $3.000 = $1.500.

El valor ganado (EV) total del proyecto =
$3.000+$2.400+$1.500 = $6.900

	Valor Planificado (PV)	Valor Total (BAC)	Costo Real (AC)	%Completo del Total	Valor Ganado
Actividad A	$3.000	$3.000	$2.500	100%	$3.000
Actividad B	$2.400	$3.000	$2.700	80%	$2.400
Actividad C	$400	$3.000	$800	50%	$1.500
Total Proyecto	$5.800	$9.000	$6.000		$6.900

27. El paquete de trabajo 1.2.2.8 de tu proyecto tiene un presupuesto hasta la conclusión (BAC) de $10.000. Como el paquete de trabajo está relacionado con la recepción de material, se ha decidido emplear el método de la fórmula fija 0/100 para reportar el valor ganado. El paquete de trabajo 1.2.2.8 en realidad se ha completado adelantado respecto al cronograma. Hoy tienes que reportar el valor ganado de este paquete de trabajo en tu revisión mensual. Deberías reportar un valor ganado de:

a. $0
b. $1
c. $9.500
d. $10.000

Solución:
La respuesta (d) es la mejor respuesta.
En el enunciado se afirma que se va a emplear el método de la formula fija 0/100 para reportar el valor ganado. Con este método se asigna el 0% del valor ganado al comenzar el paquete de trabajo, y el otro 100% cuando éste se ha completado. En el enunciado se afirma que el paquete de trabajo está completo. Independientemente de que el paquete de trabajo se complete pronto, a tiempo, o tarde, recibirá siempre el 100% del valor ganado cuando esté completo. Por lo tanto, el valor Ganado que deberíamos reportar es el BAC completo de $10.000.

Método	Inicio	Final	BAC Total
0/100	0% $0	100% $10.000	$10.000
50/50	50% $5.000	50% $5.000	$10.000
25/75	25% $2.500	75% $7.500	$10.000

28. Un índice de desempeño del cronograma (SPI) de 1.30 significa que:

a. basándonos en el método del camino crítico, las actividades están un 30% adelantadas al cronograma
b. el proyecto está un 30% por encima del presupuesto
c. considerando todas las actividades, el proyecto se está desarrollando al 130% del ritmo previsto
d. el proyecto está un 30% por debajo del presupuesto

Solución:
La respuesta (c) es la mejor respuesta.

SPI= EV/PV

Un SPI de 1,30 significa que el proyecto avanza al 130% del ritmo previsto. No sabemos cuánto trabajo se ha completado con solo mirar al SPI. SV no tiene en cuenta que las actividades sean, o no, de camino crítico. Sólo sabemos cuánto trabajo se ha completado (EV) en comparación con el que debería haberse completado a día de hoy de acuerdo con la planificación (PV). El SPI no nos da información sobre cuánta parte del presupuesto del proyecto se ha gastado.

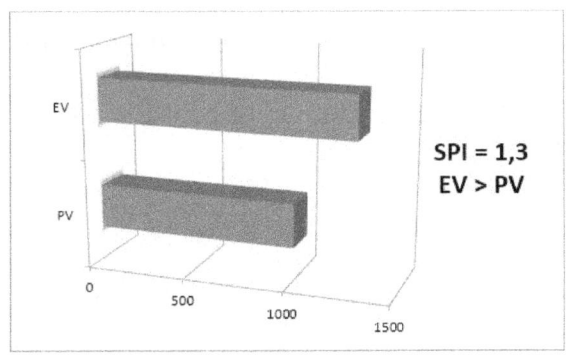

29. En tu proyecto el valor ganado (EV) = $280. El costo real (AC) = $350. El valor planificado (PV) = $260. El presupuesto total del proyecto es $500. Haz la hipótesis de que se va a continuar gastando al mismo ritmo que se gasta actualmente. ¿Cuál es el índice de desempeño del trabajo por completar (TCPI) necesario para terminar el proyecto de acuerdo a la previsión de la estimación a la conclusión (EAC)?

a. 0,80
b. 0,90
c. 1,11
d. 1,25

Solución:
La respuesta (a) es la mejor respuesta.

Hipótesis	Ecuación para el Índice de Desempeño del Trabajo por Completar (TCPI)
TCPI	TCPI= costo presuestado del trabajo restante / dinero restante
El proyecto debe completarse según la planificación (de acuerdo al BAC)	TCPI = (BAC-EV)/(BAC-AC)
El proyecto debe completarse de acuerdo a la EAC actual	TCPI= (BAC-EV)/(EAC-AC)

Nos preguntan cuál es el TCPI necesario para finalizar de acuerdo al EAC.
TCPI = (costo presupuestado del trabajo restante/dinero restante).
Trabajo restante= (BAC-EV).
Trabajo restante en este ejemplo = (EAC-AC). Usamos EAC en esta ecuación y no BAC porque en el enunciado se afirma que debemos finalizar de acuerdo al EAC previsto.

Dado que se nos pide que hagamos la hipótesis de que se seguirá gastando al mismo ritmo que se gasta actualmente, podemos usar la ecuación: EAC= BAC/CPI.

El presupuesto a la conclusión (BAC) es el presupuesto total del proyecto. En el enunciado nos dan un BAC de $500.

CPI representa al índice de desempeño del costo. La ecuación es: CPI= EV/AC.

CPI= $280/$350 = 0,80

EAC = BAC/CPI = $500/0,80 = $625.

Volvamos al TCPI.

TCPI= (BAC-EV)/(EAC-AC).

TCPI = ($500 - $280)/($625 - $350).

TCPI = ($220)/($275)

TPCI = 0,8

Lo que significa que en el proyecto se debe continuar gastando al mismo ritmo (que el CPI) para finalizar de acuerdo al EAC.

30. Estás gestionando una actualización menor del sistema de la página web de tu empresa. El presupuesto es $1.400. A día de hoy deberías tener un trabajo completado por valor de $700. Sólo tienes un trabajo completado por valor de $350 y has gastado $200 en completar ese trabajo.
¿Cuál es la variación del costo (CV) del proyecto?

a. +$150
b. +$350
c. +$500
d. -$350

Solución:
La respuesta (a) es la mejor respuesta.

Variación del costo (CV) = valor ganado (EV) – costo real (AC).
El valor ganado (EV) es el costo presupuestado del trabajo completado.
Un trabajo por valor de $350 se ha completado.
EV = $350.

El costo real (AC) es la cantidad de dinero que has gastado en el trabajo que se ha completado.
AC = $200

Variación del costo (CV) = (EV) - (AC)
CV = $350 - $200 = $150
La variación del costo (CV) es un número positivo.
Tenemos más trabajo completado (EV) que dinero hemos gastado (AC).
El valor planificado (PV) de $700 no es necesario para resolver el problema.

31. El índice de desempeño del cronograma (SPI) es 0,75 y el índice de desempeño del costo (CPI) es 1,25. El proyecto está:

a. adelantado respecto al cronograma y por debajo del presupuesto
b. retrasado respecto al cronograma y por debajo del presupuesto
c. adelantado respecto al cronograma y por encima del presupuesto
d. retrasado respecto al cronograma y por encima del presupuesto

Solución:
La respuesta (b) es la mejor respuesta.

SPI = 0,75.
0,75 < 1. Los índices < 1 son malos. El proyecto está retrasado respecto al cronograma. SPI = EV/PV. Si SPI < 1 entonces el EV < PV.
Tenemos menos trabajo completado (EV) que el trabajo planificado (PV). Estamos retrasados respecto al cronograma.

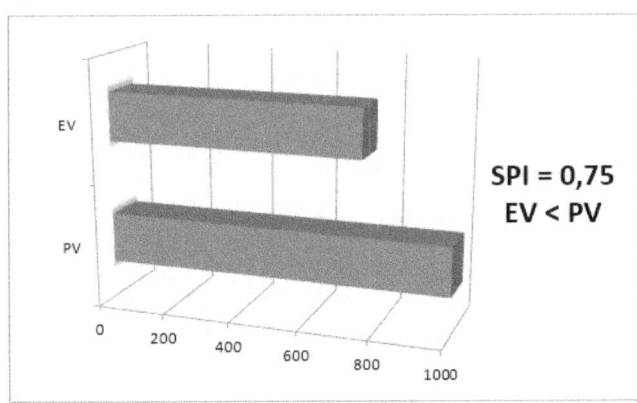

CPI = 1,25
1,25 > 1. Los índices > 1 son buenos. El proyecto está por debajo de presupuesto.
CPI= EV/AC. Si CPI > 1 entonces EV > AC.

Tenemos más trabajo completado (EV) que dinero
hemos gastado para ese trabajo (AC). Estamos por
debajo del presupuesto.

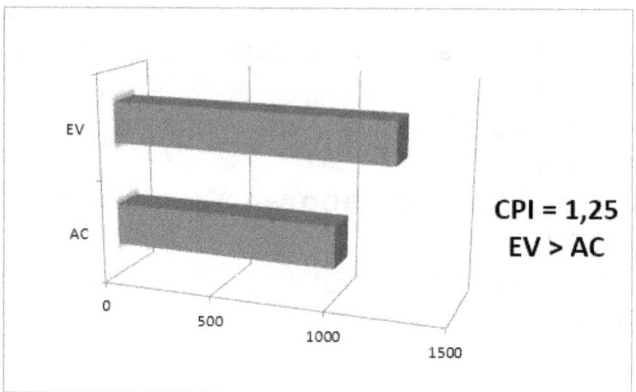

CPI = 1,25

EV > AC

© AME Group Inc. Octubre 2014

32. Acabas de asumir el rol de director de proyectos en un proyecto para proporcionar agua potable a comunidades de zonas áridas. En el proyecto se está usando la gestión del valor ganado (EVM). El anterior director del proyecto te ha proporcionado información incompleta. En tu proyecto, el índice de desempeño del cronograma (SPI) = 0,8. El valor ganado (EV) = $120.000. El costo real (AC) = $60.000. ¿Cuál es el valor planificado (PV) de este proyecto?

a. $48.000
b. $75.000
c. $96.000
d. $150.000

Solución:
La respuesta (d) es la mejor respuesta.
Esta es una pregunta de manipulación de ecuaciones. Si miramos la lista de ecuaciones, probablemente no tengamos una ecuación para calcular el valor planificado (PV). En esta pregunta nos dan el índice de desempeño del cronograma (SPI), el valor ganado (EV), el costo real (AC), y nos piden que calculemos el valor planificado (PV). ¿Tenemos alguna ecuación con tres de estos términos que incluya el valor ganado (EV)? Es probable que sí tengamos la ecuación:

SPI = EV/PV.
Resolvemos para calcular PV. Por lo tanto, nos gustaría tener PV solo a un lado del igual preferiblemente en el numerador.
Multiplicamos ambos lados de la ecuación por PV.
PV * SPI = PV * (EV/PV). Simplificamos los dos PVs del lado derecho de la ecuación.
PV * SPI = EV. Ahora dividimos ambos miembros por SPI.

(PV * SPI) / SPI = EV/ SPI. Simplificamos los dos SPIs del lado izquierdo de la ecuación.

PV = EV /SPI.

PV = $120.000/0,8

PV = $150.000.

Como el SPI es menor que la unidad es lógico que el costo presupuestado del trabajo planificado (PV) sea mayor que el costo presupuestado del trabajo completado (EV).

Observa que no hemos usado el AC para responder esta pregunta. En el examen puede que nos proporcionen datos que no serán necesarios para resolver el problema. A ésto yo lo llamo "información de distracción".

33. En el método del valor ganado, ¿qué término representa el costo real del trabajo realizado?

a. valor planificado (PV)
b. valor ganado (EV)
c. costo real (AC)
d. presupuesto hasta la conclusión (BAC)

Solución:
La respuesta (c) es la mejor respuesta.

PV	Valor Planificado (Planned Value)	¿Cuánto trabajo debería haberse completado a día de hoy de acuerdo con la planificación?
EV	Valor Ganado (Earned Value)	¿Cuánto trabajo se ha completado a día de hoy?
AC	Costo Real (Actual Cost)	¿Cuánto nos hemos gastado en el trabajo que se ha completado?
BAC	Presupuesto hasta la Conclusión (Budget at Completion)	¿Cuál es el presupuesto total del proyecto?
EAC	Estimación a la Conclusión (Estimate at Completion)	Basándonos en lo que sabemos ahora, ¿cuánto estimamos que costará el proyecto?
ETC	Estimación hasta la Conclusión (Estimate to Complete)	¿Cuánto más necesitamos gastarnos a parte de lo que ya nos hemos gastado?
VAC	Variación a la Conclusión (Variance at Completion)	¿Cuánto estimamos que vamos a desviarnos respecto al BAC?

34. En tu proyecto el valor ganado (EV) = $350. El costo real (AC) = $280. El valor planificado (PV) = $500. El presupuesto total del proyecto es $1.000. Haz la hipótesis de que la estimación inicial era errónea. Tu equipo de ingenieros te ha proporcionado una nueva estimación del trabajo restante de $1.200.
¿Cuál es la estimación a la conclusión (EAC) del proyecto?

a. $800
b. $930
c. $1.023
d. $1.480

Solución:
La respuesta (d) es la mejor respuesta.

Usamos la ecuación: EAC = BAC/CPI para la hipótesis: "se seguirá gastando al mismo ritmo".

Usamos la ecuación: EAC = AC + (BAC - EV) para las hipótesis: "las desviaciones actuales son atípicas y el trabajo restante se completará usando las estimaciones iniciales"

Usamos la ecuación: EAC = AC + ((BAC-EV)/(SPI*CPI)) para la hipótesis: "el trabajo restante se verá afectado por los desempeños actuales de cronograma y costo".

Usamos la ecuación: EAC = AC + estimación-ascendente ETC para la hipótesis: "la planificación inicial ya no es válida"

Escoge la ecuación que corresponde a la hipótesis de que la estimación inicial era errónea.
EAC = AC + estimación-ascendente ETC
EAC= $280 + $1.200
EAC= $1.480

35. El paquete de trabajo 1.7.2 es uno de tus paquetes de trabajo más grandes. De hecho, se espera que el trabajo de este paquete abarque varios periodos de reporte. Se han creado hitos y se ha decidido usar el método de los hitos ponderados para calcular el valor ganado. Se han puesto en marcha las mejores prácticas, que establecen un hito interno por periodo de reporte, sin asignar valor parcial.

Este es el estado a día de hoy.

Hitos	PV	Porcentaje Completo	EV
Hito A	$3.000	100%	
Hito B	$4.000	50%	
Hito C	$5.000	0	

En este momento, deberíamos reportar un valor ganado de:
a. $0
b. $3.000
c. $5.000
d. $12.000

Solución:
La respuesta (b) es la mejor respuesta.
El enunciado nos dice que estamos usando el método de los hitos ponderados, y que estamos siguiendo las mejores prácticas no asignando valores parciales a los hitos. Por lo tanto:

Hitos	PV	Porcentaje Completo	EV
Hito A	$3.000	100%	$3.000
Hito B	$4.000	50%	$0
Hito C	$5.000	0	$0

36. En tu proyecto el valor ganado (EV) = $350. El costo real (AC) = $280. El valor planificado (PV) = $500. El presupuesto total del proyecto es $1.000. Haz las hipótesis de que las desviaciones actuales son atípicas y de que el trabajo restante se completará usando las estimaciones iniciales. ¿Cuál es la estimación a la conclusión (EAC) del proyecto?

a. $800
b. $930
c. $1.023
d. $1.480

Solución:
La respuesta (b) es la mejor respuesta.

Hay muchas ecuaciones para la Estimación a la Conclusión (EAC).

Usamos la ecuación: EAC = BAC/CPI para la hipótesis: "se seguirá gastando al mismo ritmo".

Usamos la ecuación: EAC = AC + (BAC - EV) para las hipótesis: "las desviaciones actuales son atípicas y el trabajo restante se completará usando las estimaciones iniciales"

Usamos la ecuación: EAC = AC + ((BAC-EV)/(SPI*CPI)) para la hipótesis: "el trabajo restante se verá afectado por los desempeños actuales de cronograma y costo".

Usamos la ecuación: EAC = AC + estimación-ascendente ETC para la hipótesis: "la planificación inicial ya no es válida"

Escoge la ecuación que corresponde a la hipótesis de que las desviaciones actuales son atípicas y el trabajo restante se completará usando las estimaciones iniciales.

EAC = AC + (BAC-EV).
EAC = $280 + ($1.000 – $350)
EAC = $280 + $650
EAC = $930

37. En tu proyecto el valor ganado (EV) = $350. El costo real (AC) = $280. El valor planificado (PV) = $500. El presupuesto total del proyecto es $1.000. Haz la hipótesis de que se seguirá gastando al mismo ritmo que se gasta actualmente. ¿Cuál es la estimación hasta la conclusión (ETC) del proyecto?

a. $520
b. $800
c. $1.023
d. $1.800

Solución:
La respuesta (a) es la mejor respuesta.

ETC= EAC – AC

EAC= BAC/CPI ya que hacemos la hipótesis de que seguiremos gastando al mismo ritmo.

BAC representa el presupuesto hasta la conclusión, que es el presupuesto total del proyecto. En el enunciado nos dan un BAC de $1.000.
CPI representa el índice de desempeño del costo.
CPI= EV/AC.
CPI= $350/$280 = 1,25.
EAC = BAC/CPI = $1.000/1,25 = $800.

ETC = EAC- AC
ETC= $800-$280
ETC= $520

38. En tu proyecto el valor ganado (EV) = $350. El costo real (AC) = $280. El valor planificado (PV) = $500. El presupuesto total del proyecto es $1.000. ¿Cuál es el índice de desempeño del trabajo por completar (TCPI) necesario para terminar el proyecto de acuerdo al presupuesto hasta la conclusión (BAC)?

a. 0,80
b. 0,90
c. 1,11
d. 1,25

Solución:
La respuesta (b) es la mejor respuesta.

Hipótesis	Ecuación para el Índice de Desempeño del Trabajo por Completar (TCPI)
TCPI	TCPI= costo presuestado del trabajo restante / dinero restante
El proyecto debe completarse según la planificación (de acuerdo al BAC)	TCPI = (BAC-EV)/(BAC-AC)
El proyecto debe completarse de acuerdo a la EAC actual	TCPI= (BAC-EV)/(EAC-AC)

Nos preguntan cuál es el TCPI necesario para finalizar de acuerdo al BAC.

TCPI= (BAC-EV)/(BAC-AC).
TCPI = ($1.000 - $350)/($1000 - $280).
TCPI = ($650)/($720)
TPCI = 0,903

39. Basándonos en la siguiente tabla, ¿cuál es el índice de desempeño del costo (CPI) del proyecto?

	Valor Planificado (PV)	Valor Total (BAC)	Costo Real (AC)	%Completo del Total
Actividad D	$2.500	$2.500	$2.500	100%
Actividad E	$2.500	$2.500	$2.700	80%
Actividad F	$1.250	$2.500	$1.500	50%

a. 1,16
b. 0,86
c. 0,92
d. 1,09

Solución:
La respuesta (b) es la mejor respuesta.

Índice de desempeño del costo (CPI) = EV/AC

El valor ganado (EV) es el costo presupuestado del trabajo completado.
En el examen usa el método del porcentaje completado a menos que se especifique lo contrario.
El BAC de la Actividad D es $2.500. Se ha completado al 100%. El valor ganado de la Actividad D es $2.500.
El BAC de la Actividad E es $2.500. Se ha completado al 80%. El valor ganado de la Actividad E es 80% de $2.500 = $2.000.
El BAC de la Actividad F es $2.500. Se ha completado al 50%. El valor ganado de la Actividad F es 50% de $2.500 = $1.250.
El valor ganado del proyecto = $2.500+$2.000+$1.250 = $5.750

El costo real (AC) es la cantidad real de dinero gastada hasta la fecha por el trabajo que ha sido completado.
El AC = $2.500 +$2.700 + $1.500 = $6.700.

CPI= EV/AC = \$5.750 / \$6.700 = 0,86. Como el CPI es menor que 1 el proyecto está por encima del presupuesto.

	Valor Planificado (PV)	Valor Total (BAC)	Costo Real (AC)	%Completo del Total	Valor Ganado
Actividad D	\$2.500	\$2.500	\$2.500	100%	\$2.500
Actividad E	\$2.500	\$2.500	\$2.700	80%	\$2.000
Actividad F	\$1.250	\$2.500	\$1.500	50%	\$1.250
Total Proyecto	\$6.250	\$7.500	\$6.700		\$5.750

40. El proyecto consiste en reconstruir un puente histórico como parte de un proyecto a largo plazo de restauración de patrimonio. El presupuesto total es $500.000. El tiempo pasa rápidamente. Nos encontramos al final del noveno mes de un proyecto de 12 meses. El presupuesto es constante para cada mes. Se ha completado el 90% del trabajo total. En el trabajo que se ha completado se han gastado $360.000. El índice de desempeño del cronograma (SPI) es:

a. 1,25
b. 1,20
c. 0,90
d. 0,80

Solución:
La respuesta (b) es la mejor respuesta.

SPI= EV/PV.

EV es el costo presupuestado del trabajo que se ha completado. El 90% del trabajo total se ha completado. El costo presupuestado del trabajo total es $500.000.
EV = 90% * $500.000
EV = $450.000

PV es el costo presupuestado del trabajo que debería haberse completado a día de hoy de acuerdo con la planificación. En el enunciado se afirma que el proyecto está al final del noveno mes de un cronograma de doce meses. Como el presupuesto es constante para cada mes PV = (9meses/12meses) * $500.000.
PV = $375.000

SPI = EV/PV
SPI= $450.000/$375.000
SPI = 1,2

41. Basándonos en el gráfico, el proyecto está actualmente...

a. adelantado respecto al cronograma y por debajo del presupuesto
b. adelantado respecto al cronograma y por encima del presupuesto
c. retrasado respecto al cronograma y por debajo del presupuesto
d. retrasado respecto al cronograma y por encima del presupuesto

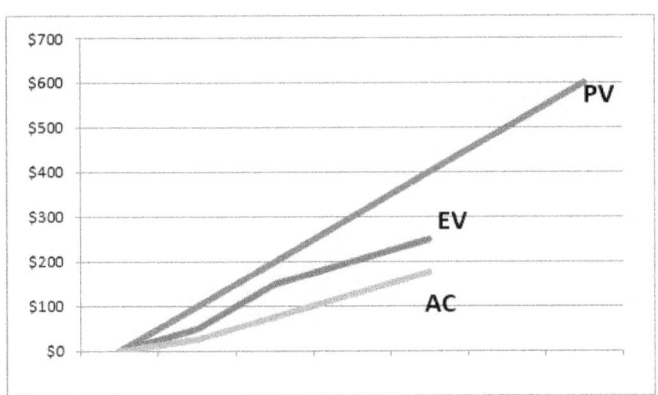

Solución:
La respuesta (c) es la mejor respuesta.

Comienza siempre por el valor ganado (EV) cuando resuelvas problemas que te pregunten si el proyecto está adelantado o retrasado respecto al cronograma, o por encima o debajo del presupuesto.

Como el valor ganado (EV) < valor planificado (PV), el proyecto está retrasado respecto al cronograma. Tenemos menos trabajo completado (EV) que el planificado (PV).

Como el valor ganado (EV) > costo real (AC) el proyecto está por debajo del presupuesto. Tenemos más trabajo completado (EV) que dinero gastado (AC).

42. Un índice de desempeño del costo (CPI) de 0,80 significa:

a. el proyecto se está desarrollando al 80% del ritmo previsto
b. el proyecto se está desarrollando un 80% por encima del presupuesto
c. el 80% del presupuesto planificado para haberse gastado a día de hoy, se ha gastado
d. por cada dólar que gastamos en el proyecto, obtenemos 80 céntimos de valor

Solución:
La respuesta (d) es la mejor respuesta.
CPI= EV/AC

CPI está relacionado con el costo y no con el cronograma.
Un CPI de 0.8 significa que el costo presupuestado del trabajo completado (EV) es el 80% del costo real (AC).
Un CPI < 1 es malo desde el punto de vista del costo. El CPI no nos da información del cronograma.

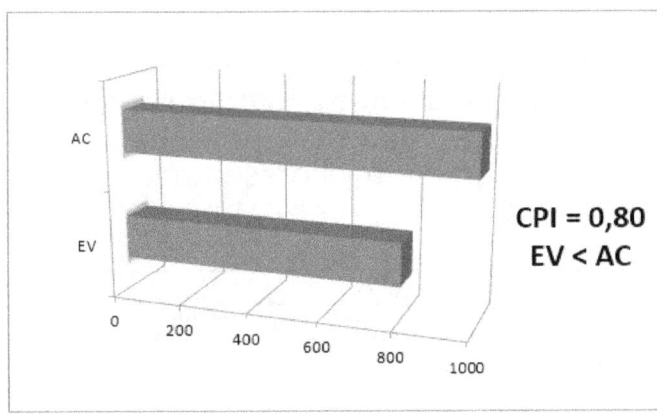

43. El paquete de trabajo 1.3.2 es uno de tus paquetes de trabajo más grandes. De hecho, se espera que el trabajo de este paquete abarque varios periodos de reporte. Por ello, se han creado hitos y se ha decidido usar el método de los hitos ponderados para calcular el valor ganado. Se han puesto en marcha las mejores prácticas, que establecen un hito interno por periodo de reporte, sin asignar valor parcial.
Este es el estado a día de hoy.

Hitos ponderados	1°	2°	3°
Valor Planificado	$5.000	$5.000	$5.000
Porcentaje Completo	100%	100%	25%

En este momento, deberíamos reportar un valor ganado de:
a. $0
b. $5.000
c. $10.000
d. $11.250

Solución:
La respuesta (c) es la mejor respuesta.
El enunciado nos dice que estamos usando el método de los hitos ponderados, y que estamos siguiendo las mejores prácticas no asignando valores parciales a los hitos. Por lo tanto:

Hitos ponderados	1°	2°	3°
Valor Planificado	$5.000	$5.000	$5.000
Porcentaje Completo	100%	100%	25%
Valor Ganado	$5.000	$5.000	$0

44. Basándonos en la siguiente tabla, ¿cuál es el índice de desempeño del cronograma (SPI) del proyecto?

	Valor Planificado (PV)	Valor Total (BAC)	Costo Real (AC)	%Completo del Total
Actividad D	$2.500	$2.500	$2.500	100%
Actividad E	$2.500	$2.500	$2.700	80%
Actividad F	$1.250	$2.500	$1.500	50%

a. 1,16
b. 0,86
c. 0,92
d. 0,09

Solución:
La mejor respuesta es la respuesta (c).
El índice de desempeño del cronograma (SPI) = EV/PV

El valor ganado (EV) es el costo presupuestado del trabajo completado.
En el examen usa el método del porcentaje completado a menos que se especifique lo contrario.
El BAC de la Actividad D es $2.500. Se ha completado al 100%. El valor ganado de la Actividad D es $2.500.
El BAC de la Actividad E es $2.500. Se ha completado al 80%. El valor ganado de la Actividad E es 80% de $2.500 = $2.000.
El BAC de la Actividad F es $2.500. Se ha completado al 50%. El valor ganado de la Actividad F es 50% de $2.500 = $1.250.
El valor ganado del proyecto = $2.500+$2.000+$1.250 = $5.750.

El valor planificado (PV) es el costo presupuestado del trabajo que debería haberse completado a día de hoy de acuerdo con la planificación.

El enunciado nos dice el PV de las tres actividades.

PV para el proyecto= \$2.500 + \$2.500+ \$1.250

PV = \$6.250

SPI= EV/PV = \$5.750/\$6.250 = 0,92

Como el SPI es menor que uno el Proyecto está retrasado respecto al cronograma de acuerdo con el método del valor ganado.

	Valor Planificado (PV)	Valor Total (BAC)	Costo Real (AC)	%Completo del Total	Valor Ganado
Actividad D	\$2.500	\$2.500	\$2.500	100%	\$2.500
Actividad E	\$2.500	\$2.500	\$2.700	80%	\$2.000
Actividad F	\$1.250	\$2.500	\$1.500	50%	\$1.250
Total Proyecto	\$6.250	\$7.500	\$6.700		\$5.750

45. Tu proyecto está por debajo del presupuesto y adelantado respecto al cronograma. ¿Cuál de las siguientes afirmaciones es correcta en relación al índice de desempeño del costo (CPI) y al índice de desempeño del cronograma (SPI)?

a. CPI > 1 y SPI >1
b. CPI > 1 y SPI <1
c. CPI < 1 y SPI >1
d. CPI < 1 y SPI <1

Solución:
La respuesta (a) es la mejor respuesta.

Índices < 1 buenos
CPI < 1 bajo costo
SPI < 1 adelantado

Índices > 1 malos
CPI > 1 sobrecosto
SPI > 1 retrasado

46. Acabas de asumir el rol de director de proyectos en un proyecto para recoger fondos para la investigación contra el cáncer. En el proyecto se está usando la gestión del valor ganado y te han pasado cierta información incompleta. En tu proyecto la variación del costo (CV) = $40.000 y el costo real (AC) = $20.000. ¿Cuál es el valor ganado (EV) de este proyecto?

a. -$20.000
b. +$20.000
c. +$40.000
d. +$60.000

Solución:
La respuesta (d) es la mejor respuesta.
Esta es una pregunta de manipulación de ecuaciones. Si miramos la lista de ecuaciones, probablemente no tengamos una ecuación para calcular el valor ganado (EV).
En esta pregunta nos dan el costo real (AC) y la variación del costo (CV) y nos piden que calculemos el valor ganado (EV). ¿Tenemos alguna ecuación con estos tres términos? Es probable que sí tengamos la ecuación:

CV= EV-AC.
Resolvemos para calcular EV. Por lo tanto, nos gustaría tener EV solo a un lado del igual. Sumamos AC a ambos miembros para despejar EV.
AC + CV = AC + EV - AC
AC + CV = EV.
$20.000 + $40.000 = EV.
$60.000 = EV.

47. En tu proyecto el valor ganado (EV) = $280. El costo real (AC) = $350. El valor planificado (PV) = $260. El presupuesto total del proyecto es $500. Haz la hipótesis de que se seguirá gastando al mismo ritmo que se gasta actualmente. ¿Cuál es la variación a la conclusión (VAC) del proyecto?

a. -$625
b. -$570
c. -$275
d. -$125

Solución:
La respuesta (d) es la mejor respuesta.

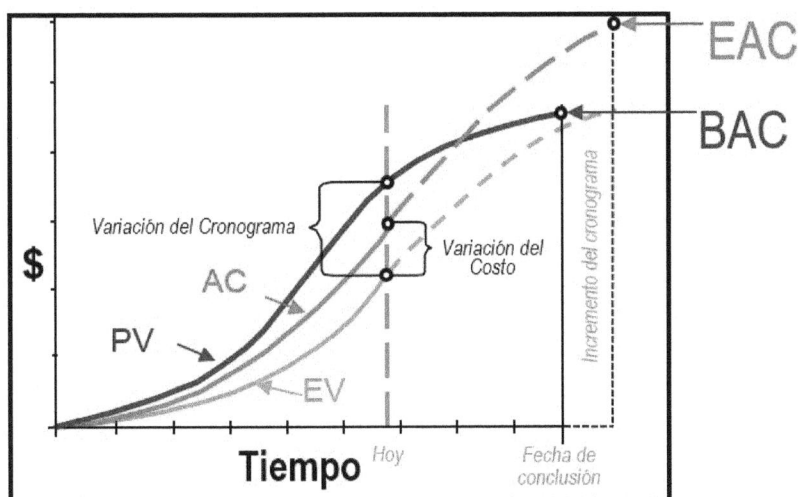

VAC= BAC- EAC

BAC representa el presupuesto hasta la conclusión, que es el presupuesto total del proyecto. En este ejemplo nos dan un BAC de $500.
EAC= BAC/CPI.
CPI representa el índice de desempeño del costo.
CPI= EV/AC.
CPI= $280/$350 = 0,80
EAC = BAC/CPI = $500/0,80 = $625.

VAC = BAC- EAC
VAC = $500 - $625
VAC = - $125
Como el resultado es un número negativo, estamos estimando que sobrepasaremos el presupuesto del proyecto (BAC).

48. En tu proyecto el valor ganado (EV) = $500. El costo real (AC) = $300. El valor planificado (PV) = $400. ¿Cuál es la variación del costo (CV)?

a. $ 200
b. $ 400
c. $ 500
d. -$ 200

Solución:
La respuesta (a) es la mejor respuesta.
Variación del costo (CV) = valor ganado (EV) – costo real (AC)
CV = EV - AC
CV = $500 -$300 = $200.
Nota- no hemos necesitado usar el PV para responder la pregunta.

49. Se ha programado que el proyecto dure seis meses. El presupuesto para cada mes es $200 y se espera que se mantenga constante durante el ciclo de vida del proyecto. Acabas de completar el cuarto mes del proyecto. El treinta (30) por ciento del trabajo total se ha completado y has gastado el sesenta (60) por ciento del presupuesto total.
La variación del cronograma (SV) de este proyecto es:

a. -$440
b. -$360
c. +$440
d. +$360

Solución:
La respuesta (a) es la mejor respuesta.

Variación del cronograma (SV) = valor ganado (EV) – valor planificado (PV).

El valor ganado (EV) es el costo presupuestado del trabajo completado. En el enunciado se afirma que el 30% del trabajo total se ha completado. ¿Cuál es el costo presupuestado del trabajo total? Como el proyecto está planificado para seis meses con un presupuesto constante de $200/mes, el presupuesto total es 6 meses * $200/mes = $1.200 presupuesto total.
Volvemos al valor ganado (EV). Tenemos el 30% del trabajo total completado. El valor ganado es 30% de $1.200= $360.

El valor planificado (PV) es el costo presupuestado del trabajo que debería haberse completado a día de hoy de acuerdo con la planificación.
En el enunciado se afirma que estamos al final del cuarto mes. Por lo tanto, deberíamos tener cuatro meses de trabajo completado.

PV= 4 meses * $200/mes = $800.

Variación del cronograma (SV) = EV - PV = $360 - $800
= - $440
El resultado es negativo porque el proyecto está
retrasado respecto al cronograma.

50. Está previsto que el paquete de trabajo 1.4.3 necesite 1.000 horas de mano de obra para completarse. El costo de la mano de obra es $45/hora. Debido a la naturaleza del paquete de trabajo se ha decidido usar el método del porcentaje completado para calcular el valor ganado. Hasta este momento se han gastado 500 horas en el paquete de trabajo y se ha completado el 30% del trabajo. El valor ganado (EV) que deberíamos reportar es:

a. $0
b. $13.500
c. $22.500
d. $45.000

Solución:
La respuesta (b) es la mejor respuesta.

En el enunciado se afirma que el 30% del trabajo se ha completado.
Como estamos usando el método del porcentaje completado, sabemos que el valor ganado (EV) es 30% del trabajo total (BAC).
El trabajo total (BAC) es 1.000 horas a $45/hora.
BAC = 1.000 * $45 = $45.000
EV = 30% of $45.000
EV = $13.500

Pregunta Extra #1-

Creo que esta pregunta es demasiado enrevesada para el examen. La he incluido aquí solo por si acaso.

El proyecto consiste en reconstruir un puente histórico como parte de un proyecto a largo plazo de restauración de patrimonio. El presupuesto total es $500.000. El tiempo parece pasar rápidamente. El proyecto está a medio camino de lo que se había programado. Sólo el 30% del trabajo planificado para haberse completado a día de hoy, se ha completado. Se han gastado $280.000 en el trabajo que se ha completado. El valor ganado (EV) de este proyecto es:

a. $500.000
b. $280.000
c. $150.000
d. $75.000

Solución:
La respuesta (d) es la mejor respuesta. Esta pregunta es enrevesada. La mayor parte de la gente que se presenta al examen fallaría esta pregunta.
El valor ganado (EV) es el costo presupuestado del trabajo completado.
En el enunciado se afirma que el 30% del trabajo que debería haberse completado a día de hoy, se ha completado. La pregunta real es: ¿qué cantidad de trabajo debería haberse completado a día de hoy?
El presupuesto total (BAC) es $500.000 que representa todo el trabajo del proyecto. El proyecto está a medio camino de lo que se había programado. Por lo tanto, la mitad del trabajo debería haberse completado. El valor planificado (PV) es el costo presupuestado del trabajo que debería haberse completado a día de hoy de acuerdo con la planificación.

PV = 50% de $500.000.
PV= $250.000.
Debería haber un trabajo completado por valor de
$250.000 a día de hoy.
El 30% de ese trabajo se ha completado (EV).
Valor ganado (EV) = 30% * $250.000
EV = $75.000.
NOTA- El valor ganado (EV) no es igual al 30% del
presupuesto total de $500.000. Si esto fuera cierto,
en el enunciado se afirmaría que el 30% del trabajo
total estaría completado. En el enunciado se afirma
que el 30% del trabajo que debería haberse
completado a día de hoy, se ha completado. Esto
significa que el 30% del valor planificado (PV) se ha
completado. El valor planificado (PV) es el costo
presupuestado del trabajo que debería haberse
completado a día de hoy de acuerdo con la
planificación.

Pregunta Extra #2.

El proyecto tiene un presupuesto total de $150.000. El valor planificado es $75.000. A día de hoy, se ha completado un tercio del trabajo. Se ha gastado el cincuenta por ciento del "presupuesto hasta la fecha". ¿Cuál es el costo real (AC)?

a. $0
b. $37.500
c. $75.000
d. $150.000

Solución:
La respuesta (b) es la mejor respuesta. Quizás esta pregunta es demasiado enrevesada para el examen.

BAC= $150.000
PV = $75.000. El valor planificado (PV) representa la cantidad de trabajo que debería haberse completado a día de hoy
EV = (1/3) * $150.000 = $50.000. El valor ganado (EV) representa el costo presupuestado del trabajo completado.
AC = 50% del "presupuesto hasta la fecha".
AC = 50% * PV
AC = 50% * $75.000
AC = $37.500.

La parte complicada de esta pregunta es la frase "presupuesto hasta la fecha". El "presupuesto hasta la fecha" es el presupuesto del trabajo que debería haberse completado a día de hoy. Es otra forma de llamar al valor planificado (PV).

Pregunta Extra #3.

El proyecto consiste en transferir tecnología desarrollada en tu fábrica de Río de Janeiro hasta un centro de operaciones en China. Hay aproximadamente 2.000 interesados en el proyecto viviendo en 7 países distintos. Tu patrocinador está muy implicado y contacta contigo regularmente, además de con el equipo de dirección del proyecto y con los interesados clave. Tu CPI es 0,95 y el proyecto está 14 semanas retrasado respecto al cronograma. Basándonos en este escenario, ¿cuál debería ser tu mayor motivo de preocupación?

a. cronograma
b. costo
c. gestionar a los interesados
d. gestionar al patrocinador

Solución:
La respuesta (b) es la mejor respuesta.

Un CPI=0,95 nos da una idea cuantitativa. Aquí es donde debemos centrarnos. En el enunciado se afirma que CPI=0,95 y que el proyecto está retrasado 14 semanas respecto al cronograma.
Ambas cosas no suenan bien.
¿Cómo decidirnos? Fijándonos en la respuesta cuantitativa.
El proyecto está retrasado 14 semanas respecto al cronograma. Esta frase es cualitativa porque no conocemos cuánto tiempo abarca el cronograma. ¿Qué pasaría si el cronograma abarcara 15 años? 14 semanas no estaría tan mal.
Aunque tengamos muchos interesados, no se afirma en el enunciado que tengamos un problema que deba resolverse.
En el enunciado se afirma que el patrocinador está en contacto. Todo va bien con el patrocinador.

¡Gracias por leerme!

Estimado lector,

Espero que te haya gustado mi primer mini book *"Cómo acertar todas las Preguntas sobre Gestión del Valor Ganado en el Examen PMP®"*. Yo disfruto mucho ayudando a la gente a preparar el Examen PMP® y la Gestión del Valor Ganado es uno de mis temas preferidos. Es más, espero que este libro te resulte de utilidad tanto para el Examen PMP® como para tu carrera profesional en dirección de proyectos.

Me gustaría pedirte un pequeño favor. Si lo consideras oportuno, te agradecería que escribieras una reseña en Amazon de este libro *"Cómo acertar todas las Preguntas sobre Gestión del Valor Ganado en el Examen PMP®"*. Tanto si te ha encantado como si los has detestado (espero que no), me encantaría saber tu opinión.

Como quizás te hayas percatado, últimamente es difícil conseguir reseñas en Amazon. El lector tiene en su mano que los libros funcionen o que fracasen. Si tienes tiempo me encantaría que volvieses a Amazon y escribieses una pequeña reseña del libro. Muchas gracias por haber leído mi primer mini book *"Cómo acertar todas las preguntas sobre Gestión del Valor Ganado en el Examen PMP®"*.

Para escribir la reseña basta con que vayas a la página del libro en Amazon y crees una opinión. Dime si te interesarían más de estos mini books, en concreto qué temas te gustaría que cubrieran y el idioma (inglés, español, portugués, etc.) en el que vas a realizar tu examen.

Para ver el resto de mis libros, por favor visita mi página de autor en Amazon.

Un saludo,

Aileen

www.ingramcontent.com/pod-product-compliance
Lightning Source LLC
Chambersburg PA
CBHW071718170526
45165CB00005B/2057